또 하나의 전쟁,
문화 전쟁

또 하나의 전쟁,

문화
전쟁

중국, 문화를 무기로 한국을 공격하다

김인희 지음

청아출판사

모든 문화의 역사는 문화적 차용의 역사다.

에드워드 사이드

또 하나의 전쟁, 문화 전쟁

"김치와 한복이 중국 문화라고?"

2020년 말, 중국이 김치와 한복을 두고 중국에서 기원했다고 주장한다는 사실이 알려지면서 한국인은 놀라움을 금치 못했다. 김치는 한국인이 끼니마다 먹는 음식이고, 한복은 우리를 대표하는 옷이 아니던가? 한중 간 문화 논쟁은 어제오늘 일이 아니다. 그러나 이전 문화 논쟁은 과거 문화유산이나 역사와 관련된 것이었지, 우리 일상은 아니었다.

정체성正體性, identity이란 사물이 본디 가진 성격을 말한다. 한 개인은 역사와 문화를 통해 특정한 민족이나 국가에 소속돼 있다는 정체성을 확립한다. 따라서 역사와 문화가 사라진다는 것은 민족이 사라지는 것을 의미한다. 김치와 한복은 삶의 형태의 문화로 한국인의 정체성과도 깊은 관련이 있다. 그만큼 중국이 김치와 한복을 자기 문화라 주장한다는 사실은 충격이 컸다.

한국과 중국은 1992년 8월에 수교했고, 2022년은 한중 수교

30주년이 되는 해다. 양국 정부는 한중 관계의 재도약을 위해 2021년과 2022년을 '한중 문화 교류의 해'로 지정하고 다양한 활동을 준비 중이다. 그런데 양국 정부의 움직임과 달리 민간에서는 김치, 한복 등을 둘러싼 문화 전쟁이 한창이다.

수교 이래 달콤한 허니문 기간을 갖던 양국 관계가 삐걱거리기 시작한 것은 2004년이다. 2004년 중국이 동북공정을 실시해 고구려를 중국사로 편입하려 한다는 소식이 전해지면서 한국 사회는 들끓었다. 한국인에게는 고구려가 한국 역사상 가장 방대한 영토를 소유한 강대한 고대 국가라는 인식이 있다. 그뿐만 아니라 고구려는 현재 한국의 영문명인 코리아Korea의 전신이기도 하다는 점에서 특별한 의미가 있다. 즉 고구려는 한국의 정체성과도 연관된 문제다.

동북공정의 '공정工程'은 프로젝트라는 뜻으로, 동북공정은 '동북 지역에 대한 역사 프로젝트'다. 동북공정은 2002년 중국 사회과학원이 동북 지역 3개 성省과 연합해 5년 계획으로 시작했다. 중국은 현재 중국 국경 안에서 이루어진 모든 역사는 중국사라는 관점을 가지고 있기 때문에 고구려와 발해 또한 중국사라고 주장했다.

2004년 6월 동북공정 사무처가 이러한 사실을 인터넷에 공개하면서 한국에 알려졌고, 한중 간 외교 문제로 비화했다. 중국은 이 문제를 정치 쟁점화하지 않을 것이며 학술적인 연구에 맡기겠다고 함으로써 갈등을 봉합했다. 그러나 중국의 역사 인식이 근본적으로 바뀐 것은 아니므로 동북공정은 현재 진행형이라 할 수 있다.

동북공정이 한국에서 격렬한 반응을 일으켰다면, 중국에서는 이에 대한 별다른 반응이 없었다. 오히려 비슷한 시기에 발생한 한국의 강릉 단오제 유네스코 무형문화유산 신청 건이 중국에서 폭발적인 반응을 일으켰다. 2004년 5월 한국이 강릉 단오제를 유네스코 무형문화유산에 신청하려 한다는 소식이 중국에 전해졌다. 중국 정치가, 언론, 네티즌, 일부 학자들이 단오를 훔쳐 간 도둑이라며 한국을 격렬하게 비난했다. 지방 정부에서는 단오를 지키겠다며 단오 보위전保衛戰을 전개하기도 했다.

동북공정과 단오 논쟁이 한차례 휩쓸고 간 후, 2006년 나는 후베이성湖北省 우한武漢의 한 대학에서 객좌교수로 연구 활동을 했다. 당시 중국 정부나 언론, 일반 중국인은 동북공정에 별다른 관심이 없었다. 그 원인 중 하나는 동북공정이 중국에서 실시한 많은 역사 프로젝트 중 하나일 뿐이기 때문으로 보인다. 또 다른 이유는 그동안 한국사로 인식되던 고구려사를 중국사로 편입하는 프로젝트였기 때문에 중국인이 격분할 이유가 없었던 것으로 보인다. 중국에서 생활하는 동안 필자에게 동북공정을 언급하며 한국을 비난한 이는 아무도 없었다.

그러나 강릉 단오제는 달랐다. 여행 가는 기차에서, 학회에서, 저녁 식사 자리에서 나는 일면식도 없는 사람들로부터 중국 단오를 훔쳐 간 '도둑'이라는 비난을 들어야 했다. 이러한 비난은 필자가 중국을 떠난 2010년까지 계속됐다.

이후 다양한 분야에서 '한국이 중국 문화를 훔쳐 가려 한다'라는 얘기가 인터넷에 떠돌았다. 예를 들면 온돌, 활자 인쇄술, 한의, 중추절, 한자, 혼천의渾天儀 등 중국 문화를 한국이 유네스코에 신청하거나 빼앗아 가려 한다고 했다. 그리고 동이족이나 치우, 공자, 굴원, 쑨중산孫中山, 마오쩌둥 등 중국의 위대한 조상을 한국인의 조상이라 한다며 비난했다.

그동안 한중 간 문화 논쟁은 내전內戰 성격이 강했다. 중국 네티즌은 자국 인터넷에서 한국이 중국 문화를 빼앗아 가려 한다고 비난했다. 일부 한국인도 한국 내 인터넷이나 연구 논문을 통해 중국 문화로 알려진 것들이 사실은 한국 문화라고 주장했다. 이들 논쟁은 주로 자기 국가 안에서 분노를 표출하는 방식으로 전개됐다.

그러나 최근 양국 간 문화 논쟁은 국경을 넘어 외전外戰으로 확장했다. 중국 네티즌은 인터넷, 게임, 유튜브를 통해 한복, 김치 등이 중국에서 기원했다는 주장을 펼치고 있다. 중국의 한 텔레비전은 '태극기를 청나라 관리가 만들어 줬다'라는 내용을 방송하기도 했다. 심지어 윤동주와 같은 한국인이 중국인이라는 내용이 인터넷에 버젓이 등장하기도 한다.

그동안 한국에서 '한국 문화의 중국 기원론'에 대해 별다른 반응이 없었던 것은 언론 보도가 많지 않았던 것이 원인 중 하나다. 연구자들의 경우 너무나 황당한 주장이기 때문에 일일이 대꾸할 가치가 없다고 무시한 측면도 있다. 그러나 최근 중국 네티즌이 주장하는 김치, 한복, 태극기는 한국인의 정체성과 직접 관련된 문제이기 때문에 한국인의 신경을 자극했다.

동북공정은 고구려를 중심으로 한 고대사의 귀속 문제가 핵심으로, 한중 간에 벌어진 역사 전쟁이다. 이에 반해 강릉 단오제 신청으로 촉발된 일련의 사건들은 문화 주권을 둘러싼 한중 간의 문화 전쟁이라 할 수 있다. 1992년 한중 수교 이후 더할 나위 없이 우호적이었던 한중이 갈라서기 시작하는 지점에 '문화'가 있다.

현재 중국은 세계 각국과 대립하고 있다. 미국과 중국은 경제적, 정치적, 군사적 패권을 놓고 대립하고 있다. 일본과 중국 간 대립은 역사적인 문제로, 중국인은 일본의 침략사를 잊지 못한다. 중국은 타이완이 중국의 일부라며, 절대로 독립을 용인할 수 없다고 한다. 그런데 한국과의 대립은 경제적, 역사적, 정치적, 영토적 문제가 아닌 '문화 주권'이 핵심이다.

그렇다면 중국이 실질적인 이득이 없어 보이는 '문화'를 무기로 한국과 전쟁을 벌이는 이유는 무엇일까? 중국에서 문화는 어떤 의미가 있기에 '무기'가 될 수 있는 것일까? 중국이 한국과의 문화 전쟁을 통해 얻으려는 것은 무엇일까? 시진핑 정부 이후 더욱 공세적으로 바뀐 이유는 무엇일까? 이제 근 20년간 지속된 한중 간 문화 전쟁으로 들어가 보자.

2021년 8월

김인희

목차

1

험한 일지,
2004년~현재까지

1.
혐한 사건들

2007년 말 《궈지셴취다오보國際先驅導報》가 진행한 〈중국 네티즌의 이웃 국가 인상 조사中國網民隣國印象調查〉에 의하면 가장 좋아하는 나라는 파키스탄이고 가장 싫어하는 나라는 한국이라고 한다. 한국을 좋아하지 않는 국가라고 대답한 네티즌이 40.1%를 차지했다.[1] 2012년 《서울신문》이 중국 대학생을 대상으로 한 조사에서도 미국, 일본, 한국 중 한국을 가장 싫어한다는 대답이 55.9%를 차지했다.[2]

그런데 놀라운 것은 한국에 대한 혐오가 일본을 넘어섰다는 것이다. 그동안 중국인이 가장 싫어하는 나라는 일본이었는데, 한국이 그 자리를 차지했다. 혐한 정서는 네티즌의 글을 통해서도 확인할 수 있다.

한국인은 너무 싫다. 일본은 현재 우리가 가장 싫어하는 첫 번째 나라에서 두 번째로 떨어졌다.
너희는 일본의 국제 지위가 높아지는 데 적지 않은 공헌을 했다. 망할 가오리빵즈, 심지어 일본인보다 sb다.

적어도 일본인은 명확한데 재수 없는 가오리빵즈는 음흉하다.

일본인이 늑대라면, 한국인은 양가죽을 쓴 늑대다.

sb는 영어 somebody의 약칭으로 '멍청이'라는 뜻이고, 가오리빵즈는 '고려 방망이'라는 뜻으로 중국인이 한국인을 폄하해 부르는 호칭이다. 중국 네티즌에게 한국인의 허위, 오만, 음흉함은 일본인의 잔인함보다도 가장 참을 수 없는 것이 됐다.[3]

하한哈韓은 한국 문화를 열광적으로 좋아하는 것을 말한다. 1990년대 중반 드라마 〈사랑이 뭐길래〉가 방영된 후 한류가 본격화됐다. 2000년 H.O.T.가 중국 사회에 소개되면서 케이팝도 인기를 끌기 시작했다. 한류라는 말은 1999년 《베이징칭녠보北京靑年報》에서 '한국의 문화가 밀려온다'라는 의미로 처음 사용했다. 한류는 '한국 문화 유행韓國文化流行'의 약칭이다.

한국 드라마가 중국에서 유행한 원인을 두고 학자들은 같은 유교 문화권이기 때문에 중국 시청자들이 거부감 없이 수용했을 것이라고 한다. 필자는 한류가 시작된 중요한 원인을 두 가지로 본다. 하나는 당시 중국 드라마가 지나치게 재미없었다는 것이다. 중국 텔레비전은 주로 마오쩌둥 주석이나 항일 전쟁, 궁중 암투극, 농촌 드라마를 방영했다. 내용은 천편일률적이고, 전개는 평이했다. 사회주의 드라마의 특성상 지나친 갈등 구조가 드러나지 않고 대부분 교훈적인 내용을 담고 있어 긴장감이 전혀 없었다. 또 다른 원인은 한국 드라마는 가족 간의 정情을 주제로 하므로 중국인에게 따뜻한 감성을 불러일으켰다는 것이다. 문화대혁명을 거치며 가족 해체를 경험한 중국인에게 가족 간의 따뜻한 정은 위안이 됐을 것이다.

그런데 2004년부터 혐한이 시작됐다. 2004년부터 2021년 5월까지 중국에서 일어난 혐한 사건을 문화, 한류, 역사, 정치, 경제, 기타로 나누어 정리하면 다음과 같다.

| 혐한 사건의 내용과 분야

연도	사건	내용	분야
2004	한국의 강릉 단오제 유네스코 무형문화유산 신청	한국이 중국 단오를 빼앗아 가려 함	문화
	동북공정에 대한 한국의 비판	한국이 중국 역사를 침해함	역사
2005	드라마 〈대장금〉 중국 방영	한국이 중국의 유교 문화를 선점하려는 책략	한류
	서울의 중국어 명칭을 한청漢城에서 서우얼首爾로 변경	한국이 탈중국화하려는 민족주의적 표현이라고 주장	문화
	신라인은 초나라 사람	중국 교수가 민속 문화 비교 후 신라는 초나라 사람이 세운 국가라고 주장	문화
2006	《동의보감》의 유네스코 세계 기록유산 등재	한국이 중국 전통 의학을 빼앗아 가려 함	문화
2007	한국에서 드라마 〈연개소문〉, 〈대조영〉, 〈태왕사신기〉, 〈주몽〉 방영	한국 드라마가 중국 역사를 왜곡하고 중국인을 부정적으로 묘사한다고 주장	역사
	한국 선수단의 백두산 세리머니	창춘長春 동계 아시안 게임에 참가한 한국 선수단이 백두산에서 태극기를 펼치고 "백두산은 우리 땅!"이라고 외친 사건	역사
	만원 지폐에 혼천의 인쇄	혼천의는 중국이 발명한 것인데 한국이 지폐에 인쇄하여 중국 문화를 빼앗아 가려 한다고 《신콰이보新快報》와 《신화통신新華通信》이 보도	문화

연도	사건	내용	분야
	미국 수영 선수 펠프스는 한국 혈통	중국 동북 지역 인터넷 신문이 《조선일보》를 인용, 성균관대 박분경 교수의 주장이라며 소개한 가짜 뉴스	문화
	한자는 한국인이 발명	《조선일보》의 보도를 인용, 서울대학교 박정수 교수의 주장이라며 소개한 가짜 뉴스	문화
	중국 진출 한국 기업의 야반 도주	한국은 중국에서 경제적 이익만 취하고 책임을 다하지 않음	경제
	중국 신화는 한국에서 기원	한국 교수가 중국 신화는 한국 신화에서 기원했다고 주장했다며 비판	문화
	중국 관중의 일본팀 응원	베이징 올림픽 한일 야구 경기에서 중국 관중이 일본팀 응원	기타
	성화 봉송 시 중국 유학생이 폭력 행사	베이징 올림픽 성화를 서울에서 봉송 중 중국 유학생이 달라이 라마를 지지하는 한국인에 불만을 품고 폭력 행사	정치
2008	원촨汶川 대지진 악플 사건	한국 네티즌이 원촨 대지진에 대해 '중국은 천벌을 받은 것'이라고 한 악플이 중국에 소개돼 반발을 일으킴	기타
	국제 철공계鐵公鷄 사건	한국 등 외국 기업들이 중국에서 이익만 취하고 원촨 지진에 원조하지 않았다 비판	경제
	SBS의 올림픽 개막식 사전 방송	SBS가 올림픽 개막식 리허설을 미리 방송해 중국에 피해를 주었다고 주장	기타
	쑨중산은 한국인	《신콰이보》가 《조선일보》를 인용, 쑨중산을 한국인이라 주장한다고 소개한 가짜 뉴스	문화
	'가장 싫어하는 드마라' 조사에서 〈대장금〉 1위	《중궈칭녠보中國靑年報》가 〈대장금〉을 중국인이 가장 싫어하는 드라마로 보도	한류
	바이두 동방신기바吧 공격	동방신기 멤버가 중국 팬을 무시했다며 인터넷 공격	한류
	중추절 법정 공휴일 지정	중추절의 신라 기원설을 방어하기 위해 법정 공휴일로 지정	문화

연도	사건	내용	분야
2009	난징 대학살의 주범은 한국인	인터넷에서 난징 대학살 주범은 한국인이라는 허위 글 범람	기타
	쌍용자동차 '먹튀' 논란	쌍용자동차 노조의 주장을 근거로 상하이 공장 매각 과정의 부도덕성 비판	경제
	KBS 다큐멘터리 〈만주대탐사〉 방영	다큐멘터리에서 홍산 문화紅山文化는 한민족의 시원이라고 주장했는데, 이는 중국 역사를 침해한 것이라 주장	역사
	간도 되찾기 운동	한국이 중국의 역사를 침해	역사
2010	6·9 성전聖戰	슈퍼주니어 팬에게 불만을 가진 네티즌이 바이두 슈퍼주니어바와 한국 게시판, 한국 홈페이지 공격	한류
	한국 전통 침술과 뜸 유네스코 무형문화유산 등재	중국 전통 의학을 빼앗으려 한다고 주장	문화
	한국 인터넷에 존 티토 지도 확산	'2036년 만주는 한국 땅, 일본은 한국 식민지'로 그린 존 티토 지도에 대한 불만	정치
	이백은 한국인	중국 언론이 서울대학교 김병덕 교수가 이백이 한국인이라고 주장한다는 내용을 소개한 가짜 뉴스	문화
	고구려 벽화 밀반입	한국인이 고구려 벽화를 밀반입했고, 중국이 반환 요구	문화
	조조는 한국인	한국의《대한민보》를 인용, 한국 교수가 조조를 한국인이라고 했다는 가짜 뉴스	문화
	춘절도 한국 것	주류 매체가 한국이 '춘절을 한국 것'이라고 주장한다는 인터넷 글을 보도	문화
2011	중국 문화는 왜 늘 한국에 당하는가?	중국 뉴스 사이트에서 한국이 공자, 이태백, 서시 등 유명인을 한국인이라 하고 활자 인쇄술, 혼천의 발명, 단오절, 한의학, 풍수, 한자의 소유권을 주장한다고 보도	문화
	한자는 한국인이 발명	한국 학자가 한자는 한국인이 발명했다고 주장했다며 《신화통신》이 보도	문화

연도	사건	내용	분야
2013	7·29 사건	중국 한류 팬과 네티즌이 바이두 게시판에서 4일간 싸운 사건. 30여 명의 케이팝 연예인 바이두바를 공격	한류
	두하이타오杜海濤 사건	중국 배우 두하이타오가 연예 프로그램 〈청춘의 선택青春的選擇〉에서 빅뱅 권지용에게 무릎을 꿇고 시상한 것에 불만을 품고, 두하이타오바 공격	한류
2014	온돌 유네스코 문화유산 등재 추진	한국이 온돌을 유네스코 문화유산으로 등재하려 한다는 소식에 중국 언론과 인터넷에서 반발	문화
2015	바이두 EXO바 공격	2014년에서 2015년 바이두 EXO바를 3차례 공격	한류
2016	사드 배치	한국이 중국의 국가 이익을 침해했다고 비난	정치
	트와이스 쯔위 타이완 국기 사건	쯔위가 한국 방송에서 타이완 국기를 든 것은 타이완 독립을 지지한 것이라 하여 공격	정치
	롯데 사드 부지 제공	롯데가 상주 골프장을 사드 부지로 제공한 것에 불만, 롯데 공격	정치
	한한령	사드 배치에 불만을 품고 중국 정부에서 한국 문화에 대한 수입과 제한 조치를 함	문화
2017	소녀시대 태연 롯데 사탕 사진 사건	태연이 롯데에서 생산한 사탕 사진을 올려 롯데를 지지했다고 비판	한류
	슈퍼주니어 최시원 롯데 마크 사진 사건	최시원이 인스타그램에 올린 사진 중 롯데 표시가 있다며 공격	한류
	네이버 공격	2018년 평창 동계 올림픽 쇼트트랙 경기에서 중국 선수가 실격한 것에 불만, 네이버 공격	문화
2019	홍콩 지지 방해 사건	중국 유학생이 한국인의 홍콩 시위 지지를 저지한 사건	정치
2020	방탄소년단 밴 플리트상 수상 소감	방탄소년단의 한국 전쟁 인식에 불만, 팬클럽 탈퇴	정치

연도	사건	내용	분야
2020	이효리 '마오' 발언	가수 이효리가 방송에서 한 '마오' 발언을 문제 삼아 중국을 존경하지 않는다며 비난	한류
	태극기 청나라 제작설	중국 지방 방송에서 태극기는 청나라 외교관이 만들어 준 것이라는 대답을 정답 처리	문화
	블랙핑크 판다 사건	블랙핑크가 장갑을 끼지 않고 판다를 만진 것은 중국을 존중하지 않은 것이라고 비난	한류
	한복은 중국에서 기원	한복은 명나라가 하사하거나, 명나라 복식을 모방했다는 주장	문화
	김치 종주국은 중국	김치는 중국에서 기원했으며, 김치 국제 표준이 중국이 되어 김치 종주권은 중국에 있다는 주장	문화
	한국 연예인의 무례함 비판	《환치우시보》가 한국 연예인이 중국을 존중하지 않는다며 비난	문화
2021	윤동주는 중국인	바이두에서 윤동주를 중국 조선족이라 표기	문화
	중국 드라마 중 한복을 착용한 시녀	중국 드라마에서 고의로 신분이 높은 여인들은 중국 전통 복식을 착용하고, 시녀는 한복을 착용하도록 함	문화
	한복 게임 아이템 사용 논란	중국 유저들은 한복이 명나라에서 기원한 거라며 게임 아이템에서 한국의 복식으로 표현하는 것은 부적절하다고 비판	문화
	갓의 게임 아이템 사용 논란	중국 유저들은 갓은 명나라에서 기원한 것으로 게임 아이템에서 한국 문화로 소개한 것은 부적절하다고 비판	문화
	삼계탕은 중국 음식	바이두에서 삼계탕을 중국 요리로 소개	문화
	추석이 등장하는 한국 만화 방송 금지	중국 네티즌이 한국 만화 〈슈퍼윙스〉에서 중추절이 한국에서 기원했고, 중추절 음식이 월병이 아닌 송편인 듯한 인상을 준다며 방송 금지 요청	문화

중국에서 혐한은 2004년 강릉 단오제를 유네스코 무형문화유산으로 신청한다는 소식이 중국에 알려진 이후 등장한다. 2008년은 혐한이 절정에 이른 시기다. 한국에서 베이징 올림픽 성화 봉송 시 달라이 라마를 지지하는 한국인에게 중국 유학생이 폭력을 행사한 일이 있었다. SBS가 올림픽 개막식 리허설을 미리 방송한 것도 중국인의 큰 반감을 샀다. 원촨汶川 대지진 때 한국 네티즌의 악의적인 댓글이 중국에 유포된 데다, 한국 기업의 임금 체불, 야반도주 사건 등 발생하면서 중국에서 반한 기류는 극에 달했다. 중국 관중은 한국에 대한 항의 표시로 한일전 야구 경기 때 일본을 응원했다. 심지어 〈대장금〉은 중국인이 가장 싫어하는 드라마에 뽑히기도 했다. 한국 거주 중국인을 대상으로 한 '한국에서 가장 싫어하는 부분이 무엇인가'라는 조사에서 한국인이라는 결과가 나오기도 했다.⁴

이후 양국 정부가 정치적으로 노력하고 2010년 케이팝이 크게 유행하면서 2014년 전후로 신한류가 출현했다. 신한류가 시작된 것은 박근혜 정부와 시진핑 정부 간의 외교 관계가 역대 어느 정권보다 좋았던 것도 중요한 원인이다. 2016년 사드 배치 이후 다시 혐한이 고조돼 현재는 한류가 쇠락하는 상황에 이르렀다.

2004년 시작된 혐한은 2008년 최고점을 찍고 퇴조했다가 2016년 이후 다시 고조되고 있음을 알 수 있다. 2000년대 중후반이 혐한 1단계라면, 2016년 이후는 혐한 2단계라 할 수 있다. 대체로 1단계 혐한은 장쩌민과 후진타오 정부 시기에 해당하고, 2단계는 시진핑 정부 시기에 해당한다. 따라서 1단계는 2004년부터 2011년까지, 2단계는 2012년부터 현재까지이다.

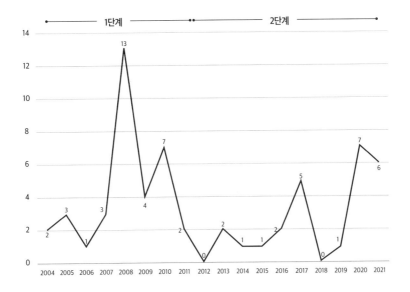

앞 표에서 혐한 사건을 문화, 한류, 역사, 정치, 경제로 나누어 정리했는데, 사안에 따라서는 명확한 구분이 어려운 경우도 있다. 예를 들어 방탄소년단 밴 플리트상 수상 소감 사건은 한류로 분류할 수도 있고, 정치로 분류할 수도 있다. 필자는 정치로 분류했는데, 그 이유는《환치우시보環球時報》가 보도한 목적이 방탄소년단을 공격한다기보다 한국 전쟁에서 중국 역할을 부각하기 위한 것으로 보았기 때문이다. 보도에 의하면 "방탄소년단이 수상 소감에서 중국 참전 군인에 대한 감사를 표시하지 않아 중국 팬이 분노했으며, 타이완 독립을 지지하는 발언을 한 멤버도 있다"라고 하여 정치적인 의도를 보여 준다. 〈대장금〉 역시 한류 문제이며, 문화 문제이기도 하다. 〈대장금〉 방영 이후 혐한이 고조된 것은 〈대장금〉이 중국의 유교 문화 주권을 침해한다는 것과 한류가 중국 문화 산업을 잠식한다는 두 가지 요인이 모두 작용했다. 그런데 유교 문화 주권 침해보다는 중국 내 문화 산업에 끼치는 영향을 우려한 측면이 많기 때문에 한류로 분류했다.

혐한 사건은 총 60건이며, 그중 문화는 30건으로 50%를 차지한다. 그다음은 한류로 11건, 18%다. 정치는 7건으로, 12%다. 역사는 주제의 중요성에도 5건으로 비교적 낮은 수치를 보였다. 경제는 3건으로 혐한의 주요 원인이 아님을 알 수 있다. 즉 혐한 사건은 주로 문화와 한류에서 발생했다.

단계별 혐한이 발생한 분야를 살펴보면 문화는 1, 2단계 모두 혐한의 주요 원인이었다. 혐한 1단계에서는 49%, 2단계에서는 52%로 증가했다. 한류는 1단계에는 11%, 2단계에서는 28%로 대폭 상승했다. 정치는 1단계에서는 6%였으나, 2단계에서는 20%로 역시 크게 상승했다. 역사는 1단계에 14%를 차지해 문화 다음으로 중요한 이슈였으나 2단계에는 전혀 나타나지 않는다. 경제도 1단계에 일부 혐한 사건이 등장했으나 2단계는 전혀 나타나지 않는다. 따라서 현재 혐한 사건이 주로 발생하는 분야는 문화, 한류, 정치임을 알 수 있다.

문화는 1단계와 2단계에서 모두 가장 높은 비중을 차지하지만, 실제 성격에는 차이가 있다. 1단계에서는 한국이 중국의 전통 문화를 빼앗아 간다며 문화 도둑이라 하였다. 그리고 한류가 중국 문화를 침범한다고 하여 문화 침략자라 불렀다. 2단계에서는 한국 문화

| 혐한 분야별 분포도

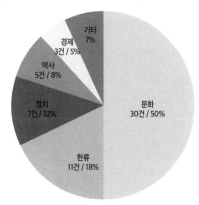

기타
7%

경제
3건 / 5%

역사
5건 / 8%

정치
7건 / 12%

문화
30건 / 50%

한류
11건 / 18%

| 1단계 혐한 사건 분포도

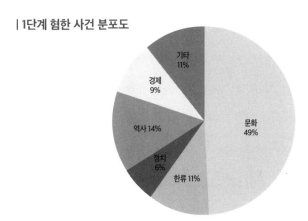

기타
11%

경제
9%

역사 14%

정치
6%

한류 11%

문화
49%

| 2단계 혐한 사건 분포도

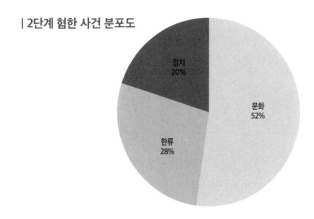

정치
20%

문화
52%

한류
28%

는 중국에서 기원한 것이라며, 한국은 중국의 문화 속국이라 한다. 1단계에서는 한국에 당했다는 피해자 의식이 강했다면, 2단계에서는 오히려 한국 문화에 대한 주권을 당당히 주장하고 있다.

2
문화 도둑, 한국

혐한은 문화에서 시작됐으며, 현재도 가장 중요한 갈등 요인이다. 2004년 한국에서 강릉 단오제를 유네스코 무형문화유산으로 신청하려 한다는 사실이 알려지면서 문화 갈등이 시작됐다. 이후 중국 애국자들은 한국이 유네스코 문화유산 등재를 신청하는 것에 극도로 예민해 하며 중국 문화를 빼앗아 가는 행위라 비난했다. 《동의보감》, 온돌, 활자 인쇄술, 아리랑, 김장 등 한국이 문화유산으로 신청하거나 등재하면 '한국은 늘 왜 중국 문화를 빼앗아 가려 하는가?' 하고 한탄했다. 단오 논쟁의 여파로 중추절과 춘절을 한국에 뺏길 수 있다며 걱정하기도 했다.

중국 네티즌은 한국이 미리 앞을 내다보고 중국 문화와 영토를 선점한 것이라고 했다. 이후 중의中醫는 한국 것이고, 한자는 한국인이 만들었으며, 쑨중산, 마오쩌둥도 한국인이라는 등 가짜 정보가 계속해서 확산됐다. 심지어 한국에서 석가모니와 미국의 수영 금메달리스트 펠프스를 한국인이라고 한다는 가짜 뉴스가 등장하기도 했다.

중국 네티즌은 한국에 대한 혐오를 표출할 때 파오차이泡菜, YY, 우주제국宇宙帝國이란 말을 사용한다.

파오차이는 김치를 조롱하는 말로, 네티즌은 한국 드라마에 반복해서 출현하는 김치와 한국인이 김치를 들먹이는 것에 반감을 느끼고 한국을 파오차이국泡菜國 혹은 PC국國이라 부른다. PC국은 파오차이의 앞글자를 따서 만든 말로 '김치국國'이라는 뜻이다. 한국을 파오차이국이라 부르는 네티즌은 "'가지런한 한국 미식, 간단하고 성대한 저녁 만찬'을 소개한다. 첫 번째 줄 첫 번째는 김치, 첫 번째 줄 두 번째도 김치, 첫 번째 줄 세 번째도 김치, 첫 번째 줄 네 번째도 김치, 김치, 김치……"[5]라며 한국 음식이 볼품없다고 비아냥거린다.

YY는 의음意淫과 동의어로 인터넷 용어다. 의음은 어떤 현실에 대한 욕구를 상상으로 만족하고 즐거움을 얻는다는 뜻이다. 실제 한국 역사와 문화가 아닌 것들을 상상을 통해 자기 것이라 주장하며 만족을 얻는다는 뜻이다. 즉 한국인은 정신적으로 문제가 있다는 말이다. 우주제국도 비슷한 의미다. 중국 네티즌은 "한국인의 야심이 극대화됐으며 '우주는 모두 한국 것'이라고 한다"라고 비난했다. 즉 중국의 문화, 유명인, 역사를 모두 한국 것이라 주장하니 제정신이 아니라는 것이다. 어떤 네티즌은 한국인의 태도를 비아냥거리며 "백인은 한국인이 이동하여 표백한 것이고, 흑인은 한국인이 이동하여 검게 칠한 것이고, 유색 인종은 한국인이 염색한 것이다"[6]라고 하였다.

YY와 우주제국 모두 중국의 문화를 자신의 것이라 우긴다는 뜻으로, 그런 의미에서 중국 애국자들은 한국을 문화 도둑이라 불렀다.

3
문화 침략자, 한국

한류에 대한 부정적 인식은 드라마 〈대장금〉에서 시작됐다. 어떤 중국 연구자는 〈대장금〉을 두고 전 세계에서 중국의 유교 문화 주권을 빼앗고자 일부러 제작한 것이라고 주장하기도 했다.

"한류는 단순한 문화 전파가 아니라, 중국으로부터 유교 문화의 정통 지위를 빼앗으려는 것이다. 어떤 홍콩 학자는 '〈대장금〉은 한국이 동아시아에 선포한 정치 선언서이며 한국이 세계로 향하는 문화 신분증이다. 목적은 유교 문화의 주체인 중국으로부터 정신적인 해석권을 빼앗는 것이다'라고 했다."[7]

중국 정부는 유교 사상을 기반으로 중화민족주의를 강화해 체제 안정을 도모하고 있기 때문에 유교 사상의 주도권을 한국에 빼앗기는 것을 묵과할 수 없었다.

2007년 방영된 드라마 〈연개소문〉, 〈주몽〉, 〈태왕사신기〉, 〈대조영〉도 한류에 대한 부정적 인식을 양산하는 데 중요한 역할을 했다. 고구려와 발해 역사를 다룬 위 드라마는 역사를 왜곡하고 중국인에 대한 부정적인 인식을 담고 있다고 하여 중국 궈자광뎬총국國家光電總局은 방영 금지 처분을 내렸다. 중국 연구자는 위 드라마가 이데올로기적인 측면에서 중국인을 이용하려고 전략적으로 만든 것이라 했다.

"현재 드라마는 한중 간 역사 논쟁의 신무기다. 한국은 애달픈 사랑 얘기로 역사를 왜곡하고 고구려가 한국인의 영토라 하며 중국을 침략한다. 더욱 중요한 것은 중국인이 그 속에 담긴 야심을 모르고 있다는 것이다. 한국 문화는 중국 시장에 전략적으로 드라마를 수출해 침략했다. 침략은 오락적인 측면, 경제적인 측면뿐만 아니라 은연중에 이데올로기적인 측면도 내포하고 있을 가능성이 있다. 국가의 장기적인 문화 안전이라는 측면에서 우리는 한류의 침략에 반드시 경계심을 갖고, 중국인의 하한 열기에 냉수를 부어야 한다."[8]

중국은 한국 문화와 한류가 중국 문화를 훔쳐 가고 침략하는 행위라 생각하기 때문에 반한反韓 또는 항한抗韓이란 용어를 쓴다. 반한은 한국과 관련된 사물을 불신임, 반감, 경계, 멸시하는 것을 말한다. 항한은 한류에 저항한다는 의미로 중국인이 느꼈던 심리적 압박을 짐작게 한다.

혐한은 2004년 일본에서 시작된 용어로, 중국에서도 받아들여 사용하고 있다. 혐한은 한국과 한국 문화를 혐오한다는 뜻이다. 반한과 항한이 주로 2000년대, 즉 혐한 1단계에 사용되었다면 현재는 혐한이 더 자주 사용된다. 반한과 항한이 한국이 문화를 빼앗아 가고 문화 침략을 하는 것에 저항한다는 의미가 있다면, 혐한은 그런 한국을 혐오하고 공격한다는 의미가 강하다.

4
문화 속국, 한국

2016년 한반도에 사드를 배치한 후 다시 혐한이 고조되기 시작해 이제는 한류가 중국에서 퇴조하는 기색이 역력하다. 최근 혐한 현상은 2000년대 혐한 현상과는 차이가 있다. 2000년대 중후반 필자는 중국에 거주하고 있었는데, 어딜 가나 가수 이효리의 〈텐미닛〉이 나오지 않는 곳이 없었다. 딴생각하며 길거리를 걷다가 〈텐미닛〉이 들려와 '내가 한국에 와 있나' 착각을 한 적도 있다. 2008년, 한국 드라마를 방영 금지해 중국 텔레비전에서 한국 드라마를 보기 어려워졌지만, 대부분은 인터넷을 통해 한국 드라마를 즐겼다. 투더우土豆라는 사이트에서는 한국 드라마를 바로 업로드했고, 이튿날이면 중국어 자막이 있는 한국 드라마를 볼 수 있었다.

2016년 이후 한류가 완전히 쇠락한 원인은 중국 정부가 직접 나섰기 때문이다. 중국 정부는 한한령을 내려 한국 연예인이 중국에서 활동하지 못하도록 했으며, 한국 프로그램을 방영하지 못하게 했다. 중국에서 사드 배치는 중국 국익에 손해를 끼치는 일로 인식됐기 때문에 케이팝 팬의 입지는 더욱 좁아졌다. 2008년 동방신기에 대한 공격에서 볼 수 있듯이 케이팝 팬은 오랫동안 매국노라는 비난을 들어왔다. 결국 케이팝 팬은 항복하고 애국주의 전선에 뛰어들어 소분홍小粉紅의 중요한 '인적 자원'이 됐다. 소분홍은 2015년 이후 등장한 중국의 애국주의 네티즌을 말한다. 2016년 이후 혐한 사건 중 한국 연예인에 대한 비난이 늘어난 것은 케이팝 팬이 애국주의 대열에 합류한 것과 무관하지 않을 것이다.

한류의 퇴조와 함께 혐한도 극성을 부리기 시작했다. 정치적 사안은 쉽게 문화와 한류에 점화돼 혐한 사건으로 발화했다. 사드 부지를 제공한 롯데에 대한 공격이 있었고, 심지어 롯데 사탕이나 롯데 마크가 있는 사진을 올린 연예인이 공격 대상이 되기도 했다. 쯔위가 방송에서 타이완 국기를 든 것은 타이완 독립을 지지한 것이라며 소분홍은 타이완 차이잉원 총통의 페이스북을 공격했다. 쯔위는 타이완 국적이지만 JYP 소속이기 때문에 중국 애국자들은 계속해서 JYP에 사과를 요구했다. 방탄소년단 밴 플리트상 수상 소감도 정치적으로 해석됐다. 방탄소년단이 한국 전쟁에 참여한 중국군에 감사를 표시하지 않았다며 중국 애국자들은 비난했고, 《환치우시보》는 이러한 내용을 보도했다.

전통문화는 여전히 갈등의 가장 중요한 요인이 됐다. 중국 애국자들은 계속해서 한국 문화가 중국에서 기원했다고 주장했고, 최근에는 문화 속국이라는 말을 덧붙였다. 단순한 문화 기원 문제가 아니라 역사상 한국은 중국의 속국이었다고 주장하기 위한 도구로 문화를 사용하고 있다.

중국 애국자들은 한복이 명나라 복식에서 기원했다고 주장한다. 조선 관복은 명나라 조정이 조공번속 관계에 있는 조선에 하사한 것이고, 여성 한복은 명나라 시기 의복인 오군祆裙을 모방한 것이라 한다. 오군은 명나라 때 한족 여성이 입은 저고리와 치마를 말한다. 조선 왕실은 명나라가 하사한 관복을 입었으니 주장 중 하나는 '맞다'라고 할 수 있다. 그러나 여성 저고리의 경우 꼭 그렇지만은 않다.

명나라의 저고리 오祆는 허리쯤 오는 형태로, 겉모습만 보아서는 여성이 입는 한복 저고리와 유사해 보인다. 필자는 관련 내용을 복식 연구자에게 자문했다. 복식 연구자는 이렇게 말했다.

"여성 저고리가 명나라의 영향을 받았다는 것은 불가능한 주장이며, 고려 이래 자체적인 변화 과정에서 등장한 것이다."

한국 연구자들은 가슴을 덮는 정도 길이의 짧은 저고리는 17~18세기에 유행한 것으로 보고 있다. "먼저 기생 사이에 유행했는데, 남자들이 아내에서 입기를 권하면서 조선 시대 말에 광범위하게 유행했다. 저고리의 단소화는 조선 후기 무역과 상공업의 발달로 사치의 기반이 형성되고 시대 변화에 따른 새로운 관능미의 추구로 나타난 것"⁹이라고 한다.

중국 애국자들은 한복의 명나라 기원설을 주장할 뿐만 아니라 한복에 전방위 공격을 하고 있다. 2020년 11월 중국 게임 〈샤이닝니키〉는 한국 출시를 기념해 한복 아이템을 출시했는데, 중국 이용자들은 중국 의상을 한국 전통 의상으로 표시했다며 강하게 반발했다. 게임사 페이퍼게임즈에서는 긴급 공지를 띄워 "불미스러운 논란으로 유저들께 심려를 끼친 점 깊이 사과드린다"라면서 "해당 아이템들은 향후 어떤 국가 서비스에서도 출시되지 않으며 획득한 아이템도 모두 폐기 처리된다"라고 안내했다. 한국 유저들이 반발했지만, 게임사는 "중국 기업으로서 국가의 존엄성을 수호한다"라며 한국판 서비스를 종료하기로 결정했다고 밝혔다. 결국 게임사는 한복 아이템을 파기하고, 한국에서 서비스를 철수했다.

중국 드라마에서 일부러 시녀만 한복을 입게 한다는 의혹도 제기됐다. 중국 드라마 〈진신쓰위錦心似玉〉, 〈샤오주체만싱少主且慢行〉 등에서 신분이 높은 여인은 중국 복식을 입고 신분이 낮은 시녀 역할을 하는 배우들만 한복과 유사한 치마저고리를 입고 나오는데, 이는 한복을 중국의 하층 문화로 인식시키려는 것이 아니냐는 의혹을 샀다. 바이두百度, 중국 최대 검색 엔진에서는 한복을 조선족 문화로 소개하여 한국과의 관련성을 차단하고 있다.

《환치우시보》는 한국이 김치 종주권을 잃었으며, 중국이 김치 종주국이라고 보도했다. 중국 정법위원회政法委員會, 중국 정부 관리를 감찰하고 정치와 법률에 관한 업무를 담당하는 국가 기관는 게시글에 이렇게 썼다.

> (한국이 김치 문제로) 사사건건 다투는 것은 자신감이 없기 때문이며, 자신감이 없으면 의심을 하게 되고 각종 피해망상으로 이어질 수 있다.

이러한 주장은 중국 애국자들이 한국을 YY라 부르는 것과 같은 의미로, 분노청년이 세월이 지나면서 분노중년, 혹은 분노노인이 됐음을 알 수 있다. 분노청년은 1990년대 중반부터 2000년대까지 인터넷에서 광적인 애국주의를 표현한 청년 집단을 말한다.

심지어 랴오닝 라디오 방송국 아나운서인 쭈샤朱霞는 인터넷에 올린 동영상에서 김치를 하찮은 음식이라 깎아내리고, 한비자의 말을 인용해 "소국이 대국에 무례하게 굴면 나라가 망할 수 있다"라면서 "모르면 책을 읽어라"라는 막말을 쏟아냈다.

바이두에서는 김치를 중국 파오차이의 하위분류로 표기해 '김치는 중국 파오차이에 속한다'라는 의미로 읽히도록 했다.

2021년 2월에는 미국 댓게임컴퍼니의 게임 〈SKY-빛의 아이들〉이 '갓' 아이템을 '한국의 모자'라고 표기하자, 중국 이용자들은 중국 의상이라며 강하게 반발했다. 개발사 대표는 중국 웨이보Weibo, 微博, 중국의 소셜 네트워크 서비스를 통해 "이번 모자 아이템은 송대와 명대의 모자를 디자인의 원천으로 삼았으며 이외에 중국의 많은 요소를 참고했다"라며 사과했다. 이후에도 항의가 계속되자 게임사에서는 해당 아이템 설명에 '명나라 왕조의 모자Hat of Ming Dynasty in CHINA'라는 설명을 추가했다.

현재 문화 논쟁은 드라마, 게임, 웹 소설, 인터넷 게시판, 유튜브에서 일어나고 있는데, 이 내용은 플랫폼을 통해 전 세계로 퍼져 나간다. 따라서 기존 문화 논쟁이 주로 자국 내 또는 한중 간에 이루어졌다면, 현재는 전 세계를 대상으로 선전전과 방어전이 벌어지고 있다고 할 수 있다. 또 하나의 특징은 중국 애국자들이 2000년대 문화를 도둑맞고 침략당한다고 생각하던 것에서 이제는 주동적으로 한국 문화를 빼앗기로 마음먹었다는 것이다.

2

전쟁의 시작,
강릉 단오제

1
전쟁의 시작

중국과 한국의 단오 논쟁은 2004년 5월 시작됐다. 5월 6일 《런민일보人民日報》는 〈단오절은 다른 나라의 문화유산이 되는가?〉라는 글을 실었다.[10]

최근 동북의 대학 교수가 문화부 부부장 저우화핑周和平에게 긴급 안건을 보내왔는데 믿을 만한 소식이다. 아시아의 어느 국가에서 유네스코에 단오절端午節을 자국의 문화유산으로 신청하려 준비 중인데, 현재 단오는 이미 그 국가의 유산 목록에 포함되어 있으며, 유네스코에 〈인류 구전 및 무형유산 걸작〉으로 신청할 것이라고 한다. 얼마 전 열린 〈중국 민족 민간문화 보호 프로젝트中國 民族民間文化 保護 工程〉 회의에서 저우화핑은 초조하게 '유구한 역사를 가진 단오절은 중국의 전통 명절인데, 만약 다른 나라에서 신청에 성공한다면 우리는 얼마나 난처해지겠는가? 우리는 무슨 얼굴로 조상님을 뵐 것인가?'라고 했다.

《런민일보》의 이 보도는 중국 사회에 커다란 파장을 일으켰다. 일단 《런민일보》는 이 소식이 동북의 한 교수가 보내온 것으로 믿을 만한 것이라고 했다. 그리고 그 나라는 중국인이 알지 못하는 사이에 이미 중국 단오절을 자신들의 문화유산으로 등재했으며, 이후 유네스코 무형문화유산으로 신청하려 한다고 했다. 한발 더 나아가 권위 있는 문화부 부부장이 초조하게 외국에서 단오절을 유네스코 무형문화유산으로 등재하면 조상을 뵐 면목이 없다고 했으니, 중국인은 문화뿐만 아니라 조상까지 빼앗긴다는 두려움에 분노했다.

강릉 단오제는 강릉시에서 매년 단오 때 열리는 전통 축제다. 단오제 때 지역 주민은 대관령 국사성황과 대관령 국사여성황, 대관령 산신을 모시고 굿을 하고, 다채로운 단오 명절을 즐긴다. 강릉 단오제에는 유교식 제례, 무당굿, 탈놀음과 더불어 단오 민속과 놀이 및 난장이 어우러진다. 세시 명절보다는 지역민이 신에게 제사 지내고 신과 인간이 함께 즐기는 축제적 성격이 강하기 때문에 단오제端午祭라고 한다.

강릉 단오제에는 오랜 역사가 있다. 고려 태조 시기 강릉 출신 왕순식王順式이 왕건을 도와 신검을 토벌하러 갈 때 대관령에서 제사 지냈다는 기록이 있다. 그리고 조선 중기 강릉 출신인 허균이 대관령에서 산신을 모시고 내려오는 단오제 일행을 보고 《성소부부고惺所覆瓿藁》에 이런 기록을 남겼다.

대관령의 신이 영험하여 해마다 5월이면 사람들이 대관령에 올라가서 신을 맞이하여 즐겁게 해 준다.

따라서 강릉 단오제는 오랜 역사적 전통을 가진 한국의 지역 축제임을 알 수 있다.

강릉 단오제는 신주 빚기, 산신제, 신목 베기, 영신제, 무당굿, 송신제로 구성된다. 음력 4월 5일 신에게 바칠 술을 빚는 신주 빚기가 시작된다. 음력 4월 15일 무당패는 대관령 국사성황과 신목을 모시고 내려와 강릉 시내에 있는 여성황사에 합사하는데, 대관령 국사성황 부부는 이로부터 20여 일간의 결혼 생활을 시작한다. 5월 3일 저녁, 성황신 부부와 신목을 남대천 강변의 굿당에 모신다. 이후 굿당에서는 무당굿이 거행되고, 주변에서는 탈놀음과 각종 민속놀이가 거행된다. 5월 7일 모셔 왔던 신들을 보내고, 제의에 사용했던 물건을 태우면 한 달여 간의 단오제는 막을 내린다.

강릉 단오제는 1967년 중요무형문화재 제13호로 지정됐다. 2000년대 초반 강릉시는 강릉 단오제를 유네스코 인류무형문화유산으로 신청하려고 준비 중이었다.

당시 한국, 중국, 일본의 민속학자는 '국제아세아민속학회'를 결성해 매년 국제 학술 대회를 개최하고 있었다. 1990년대 중후반 필자는 중국 베이징 중양민주대학中央民族大學에서 박사 과정을 밟고 있었다. 하루는 중국민속학회 부이사장인 타오리판陶立潘 교수가 필자를 찾아왔다. 타오 선생은 국제아세아민속학회를 구성하려 하는데 한국 학자들과 연계를 해 달라고 부탁했다. 일은 일사천리로 진행돼 1996년 국제아세아민속학회가 결성됐다. 첫해에는 중국 베이징에서 학술 대회를 개최했고, 1997년에는 강릉에서 국제 학술 대회를 개최했다. 월드컵 축구 경기가 한창이던 2002년 다시 한번 강릉에서 〈한중일 단오제 습속의 비교〉라는 주제로 학술 대회를 거행했다. 2004년에는 한중일뿐만 아니라 타이완, 베트남, 몽골 등의 국가도 참여해 강릉에서 학술 대회를 개최했다. 이때 주제는 '세계무형문화유산 보호'였다.

위의 《런민일보》 기사에서 긴급 안건으로 소식을 전해 왔다는 동북의 한 교수는 바로 2004년 강릉에서 개최한 국제아세아민속학회에 참가한 학자 중 한 명인 우빙안鳥丙安 교수였다. 그리고 《런민일보》에서 지적한 '아시아의 한 국가'는 바로 한국이었다.

《런민일보》 보도 이후 사람들은 앞다투어 자신의 의견을 개진했다. 누가 중국의 단오절을 자신의 문화유산으로 신청한단 말인가? 누가 감히 이토록 대담하고 비열한가? 아시아의 어느 국가는 도대체 어느 국가인가? 동북의 대학 교수는 누구인가? 동북의 한 교수는 이 사실을 어떻게 알았을까? '믿을 만한 소식'이라고 하는데 얼마나 믿을 만한 소식인가?[11]

한 신문[12]은 "5월 6일 국내의 권위 있는 신문에서 우리 단오절을 아시아의 어느 국가에서 자신의 문화유산으로 등재했다는 소식으로 독자와 네티즌이 열띤 토론을 했으나, 어느 교수와 어느 국가로만 보도해 의문을 사고 있다"라고 보도했다. 그리고 기자는 5월 8일 '어느 교수'가 랴오닝 대학遼寧大學 우빙안 교수임을 알아냈고, 직접 인터뷰를 했다고 했다. 네티즌들은 2004년 4월 14일 《광밍일보光明日報》 기사에서 한국 문화부가 강릉 단오제를 '유네스코 인류 구전 및 무형유산 걸작'으로 신청하려 한다는 보도를 찾아냈다. 이로써 동북의 한 교수와 아시아의 어느 국가는 명확해졌다.

이후 중국 언론은 한국 관계자에게 직접 연락해 진위를 확인했다. 한국의 관련 부서에서는 한국은 단오절을 신청하지 않았으며 우리가 신청한 것은 강릉 단오제라고 했다. 즉 중국의 단오절을 신청한 것이 아니라 한국의 강릉 단오제를 신청했다는 것이다.

처음으로 문화부에 편지를 써 논란의 당사자가 된 우빙안 선생도 해명에 나섰다. 우 선생은 두 차례 언론 인터뷰를 했다. 하나는 5월 8일이고,[13] 다른 하나는 5월 11일이다.[14] 두 기사의 보도 내용은 대체로 일치한다. 자신이 문화부에 연락한 것은 사실이지만 《런민일보》의 보도 내용은 문제가 있다는 것이다.

그러나 우 선생이 한 두 차례 인터뷰에는 일부 차이가 있다. 5월 8일 보도에서 우 선생은 "우리 문화유산을 다른 나라에서 등재한 것이 적지 않은데, 단오절과 같은 전통 명절을 다른 나라에서 먼저 등재한다면 우리는 무슨 말을 할 수 있겠는가!"라며, 단오의 소유권이 중국에 있는데 한국이 빼앗아 간다는 뉘앙스를 풍겼다. 그러나 11일 인터뷰에서는 자신이 그와 같은 발언을 한 것은 중국의 무형문화유산을 보호하자는 차원이며 보도 과정에서 의미가 변질됐다고 했다. 후에 우 선생은 필자에게도 중국 문화를 보호하자는 차원에서 한 이야긴데 기자가 의미를 잘못 전달했다고 했다. 이후 우 선생은 "무형문화유산은 공유하는 것으로, 자연유산을 독점하는 것과 차이가 있으며, 다른 나라에서 등재해도 우리도 할 수 있다"라고 여러 차례 강조했다.

중국 내 논란이 가열되자 중국 문화부에서는 5월 11일 다음과 같은 입장을 밝혔다. 아래 내용은 문화부의 한 관리가 공개되지 않은 장소에서 발표한 의견이라고 한다.

"처음부터 보도가 공정성을 잃었고, 많은 매스컴이 대대적으로 보도했는데 실제 사실과 보도 내용은 상당한 차이가 있다. 단오절 사건은 중국 민중의 민족 정서와 관련 있을 뿐만 아니라, 중국과 타국의 외교 관계와 관련 있는 문제다. 그런데 매스컴이 대대적으로 보도해 문화부가 문제를 해결하는 데 상당한 어려움을 초래했다. 이 관원은 '언론이 더는 단오절 사건을 대대적으로 보도해 문제를 복잡하게 만들지 않기를 바란다. 더욱이 대중은 문화부에 시간을 주기 바란다. 문화부는 반드시 문제를 해결해 중국 전통문화를 잘 보호할 것이다'라고 했다."[15]

그러나 많은 중국인은 그렇게 생각하지 않았다. 한국이 강릉 단오제를 신청한 행위를 국치로 생각하고 애국이라는 깃발을 높이 달고 자신들의 불만 정서를 배출했다.

2

단오절을 지켜라

한국 관련 부서에서 중국 단오절을 신청하는 것이 아님을 밝혔고, 중국 문화부에서 《런민일보》 보도에 문제가 있었음을 밝혔다. 그리고 한국이 먼저 등재하더라도 중국이 등재하는 데 아무 문제가 없다고 했으나 중국인의 분노는 가라앉지 않았다. 인터넷 공간에서 한국에 대한 목소리는 혐오와 반감이었다. 이와 같은 민족주의 정서를 이끈 것은 언론과 네티즌 그리고 지방 관리였다.

먼저 단오 전쟁을 촉발한 《런민일보》의 보도 내용을 분석해 보자. 《런민일보》는 〈단오절은 다른 나라의 문화유산이 되는가?〉라는 제목으로 보도해 중국 단오절이 다른 나라의 문화유산이 될 수 있다는 위기감을 조성했다. 이 기사에서는 단오제를 단오절이라 하여 한국에서 신청하는 것이 중국의 단오절이라는 인상을 주었다. 즉 한국 단오제와 중국 단오절의 차이에 대해서는 강조하지 않았다.

보도 내용을 분석해 보면 먼저 '믿을 만한 소식에 의하면'이라고 하여 독자들이 기사 내용을 전폭적으로 신뢰하도록 했다. 그다음

'아시아의 어느 국가가 단오절을 유네스코 문화유산으로 신청하려 하고, 이미 자국의 문화유산으로 등재한 상태'라고 해 독자에게 중국 단오절을 아시아의 어느 국가가 빼앗아 갔다는 인상을 주었다.

중국 단오절을 어느 국가가 빼앗아 갔다는 것은 이어지는 저우화핑의 발언으로 확실해진다.

저우화핑은 초조하게 '유구한 역사를 가진 단오절은 중국의 전통 명절인데, 만약 다른 나라에서 신청에 성공한다면 우리는 얼마나 난처해지겠는가? 우리는 무슨 얼굴로 조상님을 뵐 것인가?'라고 했다.

저우화핑은 한국이 단오절의 유네스코 문화유산 등재에 성공하면 중국인의 조상을 빼앗기게 될 것이라고 했다.

그런데 사실 저우화핑의 이 발언은 한국의 강릉 단오제 신청에 대한 반응이 아니라 반달 전인 4월 중순 윈난성雲南省 다리시大理市에서 개최한 〈중국 민족민간문화 보호 프로젝트 시범사업 교류회中國民族民間文化保護工程試点工作交流會〉 폐막식에서 한 말이다. 저우화핑은 요즘 젊은이들이 서양 명절을 좋아해 중국 전통 명절이 냉대받고 있음을 지적했다.《런민일보》유위친劉玉琴 기자는 반달 전 저우화핑이 학술회의에서 한 발언으로 단오 논쟁을 해석했다. 기자는 의도적으로 저우화핑의 발언 중 민족주의적 색채가 짙은 부분만 절취해 단오 논쟁과 연결시켜 독자를 자극했다.

《신콰이보新快報》등은《런민일보》보도를 검증하지 않고 그대로 보도했고 한국인에 대한 반감을 일으켰다.[16] 다른 언론도 기사를 퍼 날랐는데, 대부분 '단오는 오랜 전통을 가진 중국의 것인데 한국이 빼앗아 가려 한다'라며 민족주의 정서에 호소했다. 당시 보도 제목을 보면 〈단오는 중국의 단오〉, 〈단오절 유네스코 유산, 한국이 승리〉, 〈한류를 저지하고 단오를 쟁탈하자〉와 같은 자극적인 제목이었다. 그중 〈한류를 저지하고 단오를 쟁탈하자〉[17]의 내용은 다음과 같다.

경악! 단오절을 다른 사람이 문화유산으로 신청한 것이 사실이라면 중국인은 직무 유기이며 치욕이다. 연일 수많은 네티즌은 개탄할 뿐이다. 단오절에는 많은 전설이 있지만 굴원이 음력 5월 5일 돌을 품고 강에 몸을 던진 것이 가장 많이 회자된다.

긴급! 위에양시岳陽市 사람들은 이 일을 알고 난 후, 모든 사람이 긴장하고 초조해하며 사람들의 대화는 단오절이라는 3글자를 떠나지 못했다.

"보위! 우리는 결사적으로 우리의 명절을 보위하자!"

위에양시 위원회 부서기 궈광원郭光文은 격앙된 목소리로 말했다.

위 기사에는 당시 중국인이 느꼈던 감정이 고스란히 담겨 있다. 한국이 자신들의 문화를 빼앗아 간다는 것에 대한 경악, 빼앗길 것에 대한 두려움, 어떻게 지켜야 할 것인가에 대한 긴장감이 고스란히 느껴진다. 다른 언론 보도에도 단오절을 다른 사람이 가져갈 수 없다,[18] 굴원이 지하에서 통곡하게 할 수 없다,[19] 중화민족의 정수를 절대로 잃어버릴 수 없다[20] 등 민족주의에 호소하는 내용이 많았다.

한 연구자는 당시 상황을 '언론이 폭격하니 한국인이 마치 성 아래와 있는 것 같았다'[21]라고 표현했다. 언론은 심지어 음모론을 제기하기도 했다.

> 7년 전 한국이 경주 다보탑에서 발견된 다라니경을 근거로 '인쇄술의 발명권은 한국에 속한다'라고 한 일이 있다. 중국은 1997년 서울에서 개최된 국제 학술 대회에 전문가를 파견해 한국의 도전을 섬멸했다. 역사적 경험으로 보아 우리의 선량함은 커다란 대가를 치르게 하기도 한다. 1980년대 이래 미국, 유럽, 일본 등 발달한 국가는 첨단 기술을 선점하는 전략을 구사해 모든 첨단 기술 영역을 점거해 버렸다. 따라서 단오절 사건 배후에 은폐된 의미는 매우 풍부할 것으로 보인다.[22]

또 다른 신문에서는 "한국에서는 강릉 단오제를 신청할 때 중국에서 기원했다는 사실을 피하고자 중국과의 관계를 분명하게 표현하지 않고, 한국의 많은 학자와 단체는 적극적으로 한국 강릉 단오제의 문화적 독립성을 강조하여 등재에 성공했다"[23]라고 했다. 기사 내용은 한국 학자들이 일부러 중국 기원설을 부정하고 독자성만을 강조했다는 것이다.

그러나 한중일 3국 학자들은 2002년 강릉에서 〈한중일 단오제 습속의 비교〉라는 주제로 학술 대회를 개최했기 때문에 한국과 중국 단오의 차이점을 잘 알고 있었다. 필자의 기억에 중국 학자들은 '중국 단오는 고대 수신水神에 대한 제사에서 기원했으며, 작은 배에 재앙을 실어 강에 띄워 보내는 행사'라는 내용을 발표했다. 이러한 내용은 한국의 단오 풍속과는 사뭇 다른 것으로 한국 학자들은 굳이 중국 기원설을 염두에 둘 필요가 없었다. 완전히 추측성 기사라 할 수 있다.

인터넷에선 네티즌들이 한국에 비난을 쏟아냈다. 1999년 3월 1일 창립한 인터넷 토론 사이트 톈야룬탄天涯論壇은 당시 중국 네티즌이 가장 격렬한 정서를 내보인 곳이다.

> 몇천 년의 전통 명절이 갑자기 한국인의 것이 됐으니 중국인은 뭐가 되며, 우리는 후대에게 단오절의 유래를 어떻게 알려 줘야 하나? 한국에서 전해진 것이라 해야 하나? 분노한다! 이는 엄중한 문화 침략이다![24]

중국 민속학회 부이사장이었던 류쿠이리劉魁立 교수는 강릉 단오제가 유네스코에 등재된 후 했던 인터뷰 발언으로 곤욕을 치르기도 했다.

"한국 강릉 단오제가 등재에 성공한 것은 나쁜 일이 아니다. 인류 문화 발전이라는 각도에서 볼 때 이는 마땅히 찬양받아야 한다. 다른 나라가 우리 문화유산을 공유하는 것은 우리에게 영광이다. 우리의 문화 생산품을 다른 사람이 답습하고, 모방하고 심지어 창조했다면 우리가 인류에 공헌한 것이다. 한국이 중국 문화를 수용하여 자신의 문화 부호 체계의 일부로 만든 것이지 우리가 무엇을 잃어버린 것은 아니다. 우리는 잃은 것이 없다."[25]

이 인터뷰가 나간 후 류 교수가 '나쁜 일이 아니다不是壞事'라고 한 것을 두고 온라인 토론 사이트 아이궈저퉁멍왕룬탄愛國者同盟網論壇의 BBS에서는 분노하고 성토했다.

첫째, 하나의 하늘에 두 개의 단오절은 있을 수 없다. 단오의 원류는 중국인데 오히려 지금 정식 단오는 한국이 됐다. 우리의 단오절은 역사적, 민족적, 애국적 의미가 있는데, 현재 다른 나라의 것이 됐으며 원래의 의미가 없어졌다. 그런데 어떻게 중국에 나쁜 일이 아니라고 하는가, 전문가의 머리에 물이 들어간 것이다.

둘째, 자신의 민족 문화유산을 다른 사람에게 빼앗겼는데 무슨 두꺼운 낯짝으로 좋은 일이라 하는가! 중국의 치욕이다! 이는 다른 사람에게 따귀를 맞고는 '사실 좋은 일로, 혈액 순환을 촉진한다'라고 하는 것과 같다.

셋째, 현재 일본에서 들어온 매국노가 이전보다 너무 많다.

넷째, 앞으로 중국 기업이 만든 쫑쯔粽子, 중국 단오절 대표 음식으로 찹쌀을 대나뭇잎으로 싸서 익힌 일종의 떡는 단오절 식품이라 할 수 없고, 한국에서 허가증을 받아야 한다. 여기에는 거대한 상업적인 기회가 숨어 있다. 비통하다! 빨리 춘절을 유네스코에 신청하자, 그렇지 않으면 중국은 한 해를 넘기지도 못할 것이다.

다섯째, 전문가 몇몇이 중국을 대표해 말하는 것이 정말 한탄스럽다![26]

현재 일본에서 들어온 매국노가 많다는 것은 류 교수가 잠시 일본에서 연구 활동한 것을 빗댄 것이다. 춘절春節은 우리나라 설날에 해당하는 명절로, 한국이 춘절도 유네스코 문화유산에 등재하면 중국은 춘절을 빼앗겨 새해를 맞이할 수 없다는 것이다.

단오를 한국이 신청한다는 소식이 중국에 전해지면서 중국 내 반응은 격렬했다. 특히 위에양시에는 걷잡을 수 없는 분노의 소용돌이가 휘몰아쳤다. 그 이유는 위에양시 스스로 자신들이 단오의 본고장이라 생각했기 때문이다. 위에양시는 단오절에 초나라 애국 시인인 굴원을 기념하는 행사를 거행한다. 당시 보도에서는 위에양시 사람들 머릿속에서는 온종일 '단오절'이라는 세 글자가 떠나지 않았으며, 기자가 전화를 걸었을 때 문화국 국장인 선지안沈繼安은 말끝마다 분화구 위에 앉아 있는 것 같다고 했다.[27] 그리고 실제 행동을 통해 중화민족의 전통 문화유산을 결연히 수호하겠다고 선포했다[28]고 말했다.

위에양시는 5월 9일 선전, 문화, 문물 등 주요 부서장들을 불러 보위 단오절保衛 端午節 좌담회를 개최했다. 보위는 자신이 숭배하는 지도자나 사상이 침범당하거나 손해를 입지 않도록 보호하는 것을 의미한다. 우리말 '수호'와는 좀 다른 의미로, 빙 둘러싸서 침범하지 못하도록 방어한다는 의미가 있다. 이 자리에서 위에양시 부시장 쑤이궈칭隨國慶은 "긴박한 상황으로 단오절에 대한 논증 및 신청 작업을 정식으로 위에양시 정부 업무에 포함하겠다"[29] 하고 말했다. 이틀 후 상하이《신원천보新聞晨報》기자는 위에양시 부시장을 찾아 위에양시의 단오절 보위전 상황을 취재했다.

현재 나만 바쁜 것이 아니다. 위에양시는 전 인민을 총동원했다. 우리 시 문화국의 문물관리처는 관련 자료를 수집해 논증하고 있다. 5월 9일 우리 시는 좌담회를 열었고, 5월 11일 난후광장南湖廣場에서 '보위 단오' 만 명 서명 운동을 했다.[30]

이 신문은 "만 명에 가까운 서명자는 같은 마음으로 '우수한 전통문화 보호가 시급하다'라고 외쳤다" 하고 보도했다.

중국에서 단오 보위전端午 保衛戰이 대대적으로 일어난 것은 이전에 중국 내에서 벌어진 문화 전쟁과 관련이 있다. 한 연구에서는 이렇게 말했다.

"단오 보위전 이전에 중국 내 각지 세력들은 이미 단오를 자기 지역의 문화유산으로 만들려고 전쟁을 벌이고 있었다. 예를 들어 양축의 고향梁祝故里, 동영의 고향董永故里, 모모의 고향이라는 이름으로 '문화 명함'을 놓고 혈투를 벌였다. 소위 단오 보위전은 그저 국내 문화 자원을 쟁탈하던 나쁜 습관이 국제 사회로 확대된 것으로, 내부의 알력을 외부로 확산했다."[31]

양축은 양산백梁山伯과 축영대祝英臺의 줄임말로, 《양산백과 축영대》는 중국의 4대 애정 고사 중 하나다. 동영 고사도 중국에서 4대 민간 전설 중 하나로 유명한 효행 설화다.

한국과 단오 논쟁이 있기 전 이미 중국 내 지역 간 단오 쟁탈전이 있었다.

"위에양시는 굴원, 쑤저우시는 오자서伍子胥를 내세워 서로 단오의 발원지라 논쟁하고 있었다. 한국이 단오를 신청한다는 이야기가 나오자 장쑤성江蘇省 육조사학회六朝史學會 부회장 장청쭝張承宗은 '급한 것은 위에양패岳阳牌, 쑤저우패蘇州牌가 아니라 중화패中華牌를 다는 것이다'라고 했다."[32]

2005년 11월 25일 한국이 신청한 강릉 단오제가 최종적으로 유네스코 인류 구전 및 무형유산 걸작에 등재됐다. 어떤 이는 직접적으로 중국 전통문화의 비애라 했다.[33] 중국 인터넷 검색 포털 써우搜狐에서 강릉 단오제 등재를 두고 네티즌의 반응을 조사했더니 59.4%가 '너무 마음이 아파 완전히 받아들일 수 없다'라고 했다.[34]

강릉 단오제가 등재됐을 때 중국에서는 신장 웨이얼족維吾爾族의 무카무예술木卡姆藝術과 몽골족의 전통 민간장조民間長調가 등재됐다. 그러나 언론은 이 소식에는 아무 관심이 없었고, 오직 한국이 강릉 단오제를 등재한 사실에만 관심을 두었다.

3
중국 학계의 자기비판

강릉 단오제가 등재에 성공했다는 소식이 전해지면서 중국 곳곳에서 언론 선전과 인터넷 논쟁이 일어났다. 그러나 냉정해지니 많은 사람이 기본적인 개념도 명확히 알지 못한 상태에서 단오 보위 논쟁에 참여했음을 인정할 수밖에 없었다.[35]

중국 단오의 기원에는 10여 가지 설이 있다. 그중 가장 인정받는 것은 용을 제사한다는 것과 굴원을 기념한다는 것이다. 원이뒤聞一多는 단오를 이렇게 말했다.

"중국 단오절은 굴원이 물에 빠지기 전에 이미 있었다. 단오는 용의 명절로 용을 제사하고, 용의 힘으로 모든 재앙을 없애는 것이다. 주요 활동은 용신에 대한 제사 외에 용 모양의 독목주獨木舟, 통나무 가운데를 파서 만든 원시적인 배를 타고 강에서 시합하고, 각종 음식물을 잎사귀에 싸서 물에 던져 교룡蛟龍이 먹도록 하는 것이다."[36]

남북조 시대 이후 단오는 지금의 후베이성湖北省과 후난성湖南省 일대인 형초荊楚 지역에서 굴원을 기념하는 전설과 결합했으며, 용주龍舟 경기를 하고 쫑쯔를 먹는 활동이 형성됐다. 굴원은 초나라의 애국 시인으로, 초 회왕懷王의 미움을 사서 둥팅호洞庭湖 일대로 추방됐다. 굴원은 기원전 278년 5월 5일 진시황 군대가 초나라를 공격한 날 비분강개하여 미뤄강汨羅江에 몸을 던졌다. 사람들은 서둘러 강으로 달려가 굴원의 시신을 건졌는데, 이것이 용주 경기의 기원이라고 한다. 그리고 쫑쯔를 강에 던지는 것은 교룡이 굴원의 시신을 먹지 못하도록 하는 것이라고 한다. 이날 형초 지역 사람들은 굴원 사당에 가서 제사를 지낸다.

중국인은 단오 명절에 웅황주雄黃酒 마시기, 오독五毒 부채 선물하기, 대문에 창포 걸기, 쑥 태우기, 백초 채집하기, 향 주머니 만들기 등 행사를 한다. 오독은 뱀, 지네, 전갈, 두꺼비, 도마뱀으로 여러 가지 질병의 원인이 되는 유해 동물을 말한다. 일부 지역에서는 채색 종이로 오독을 만들어 문이나 창문, 벽, 부뚜막에 붙이고 아이의 팔에 걸어 주어 오독을 피하도록 한다. 단오절이 되면 날씨가 더워지고 오독이 깨어나 전염병이 돌기 시작하기 때문에 민간에서는 하절기에 유행하는 병을 방지하고자 예방 의학적인 관점에서 다양한 활동을 벌였다.

한국 단오와 중국 단오의 관계에 대해 김택규 선생은 명칭과 일부 풍속이 중국에서 기원했다고 했다.

"단오는 원래 중국에서 전래한 명칭이다. 행사 내용에는 중국과 동일한 것이 많은데, 각종 세시기에 보이는 쑥 호랑이, 천중 부적, 창포 비녀, 쑥 채집하기 풍속은 세시기의 저자들도 인정하는 것처럼 중국 전래의 관념임이 틀림없다."[37]

오독 위쪽의 긴 두 마리 동물은 지네와 뱀이다. 가운데는 두꺼비이고 아래쪽은 전갈과 도마뱀이다.

그러나 단오의 기원에 대해서는 이렇게 이야기했다.

"옛날부터 우리에게 있었던 수릿날 습속에 중국 전래의 단오절 풍속이 복합된 것으로, 수릿날은 시기로 보아《삼국지》〈마한〉편에 기록된 오월제五月祭가 기원이다. '수리'란 말은 상일上日, 신일神日의 뜻으로 10월 상달과 동의어다."

즉 한국 단오는 명칭과 시기, 일부 풍속이 중국에서 전래됐으나, 기원은 삼한 시기 5월에 제사 지내던 풍속이라는 것이다.

사실 한국 강릉 단오제와 중국 단오절은 공통점보다는 차이점이 많다. 날짜와 민속 활동 일부에서 공통점이 발견되나 구체적인 내용은 완전히 다르다. 강릉 단오제는 제의 성격이 강하기 때문에 '제祭'라 하고, 중국 단오절은 명절의 성격이 강하기 때문에 '절節'이라 한다. 한국 강릉 단오제는 성황신과 산신을 모시고 와서 무속 제의를 거행하는 종교 행사다. 이에 반해 중국 단오절은 굴원에 대한 제사를 지내기는 하지만, 용주 경기, 웅황주 먹기, 향낭 차기, 종규 그림 붙이기 등 벽사적 성격이 강한 세시 명절이다. 따라서 강릉 단오제는 신에 제사하는 다양한 행사가 한 달여간 진행되는 데 비해, 중국 단오절은 당일 행사에 그친다.

단오 논쟁 중 일부 중국 학자는 한국 단오가 중국에서 기원했음을 강조했다. 그러나 학자 대부분은 명칭과 시기의 유사성 외에 한국 강릉 단오제와 중국 단오는 구체적인 내용이 완전히 다른 문화임을 강조했다. 강릉 단오제와 중국 단오절의 차이점을 표로 정리하면 아래와 같다.

| 강릉 단오제와 중국 단오절 비교

비교 항목	한국	중국	비교
명칭	단오제 Danoje Festival	단오절 Dragon Boat Festival	강릉 단오제는 제의 활동이고, 중국 단오는 세시 명절이다.
날짜	음력 5월 5일	음력 5월 5일	양국이 같음
행사 기간	약 한 달	당일	강릉 단오제는 신주 빚기부터 송신까지 긴 시간 진행되나, 중국 단오는 당일 행사이다.
기원	마한의 오월제	용신에 대한 제사	각기 다른 기원이 있다.
숭배 대상	대관령 국사성황과 국사여성황, 대관령 산신	용신	강릉 단오제는 산신에 제사하고, 중국 단오절은 수신에 제사한다.
목적	태평성대	벽사	강릉 단오제는 신에 제사하여 태평성대를 비는 것이고, 중국은 전염병 퇴치가 목적이다.
주요 활동	대관령 성황신과 산신에 대한 제사	용주 경기	한국은 제의가 중심이고, 중국은 용주를 타고 하는 시합이 중심이다.

비교 항목	한국	중국	비교
음식	쑥떡, 수리취떡	쫑쯔	음식의 내용과 기원, 사용 목적이 다르다.
기타 민속 활동	관노가면극, 창포물에 머리 감기, 쑥 걸기, 약초 채집, 단오 부채 선물하기, 그네뛰기, 씨름	웅황주 마시기, 향낭 달기, 창포물에 머리 감기, 쑥 걸기, 약초 채집, 오독 부채 선물하기, 종규 화상 걸기	단오 풍속에 공통점이 보이나 한국의 가면극 공연, 그네뛰기, 씨름 등은 중국에서 보이지 않는다. 중국의 웅황주 마시기, 향낭 달기, 종규 화상 걸기는 한국에서 발견되지 않는다.

한국을 방문한 중국 학자들은 종종 강릉 단오제를 직접 보고 싶다며 필자에게 부탁한다. 시간이 날 때면 함께 가기도 하고, 시간이 없을 때는 현지인을 소개해 주기도 했다. 강릉 단오제를 직접 경험하면 두 나라의 단오에 얼마나 큰 차이가 있는지 알 수 있다. 2004년 강릉 단오제 학술 대회에는 우빙안 선생 외에 중국민속학회 부이사장인 타오리판, 예춘성葉春生, 허쉐쥔賀學君 교수도 참가했다. 당시 학술 대회에 참가한 학자들은 직접 강릉 단오제를 조사하고 중국으로 돌아간 후 강릉 단오제와 중국 단오절이 다른 특징을 가진 문화라는 내용을 글로 발표했다.

처음 단오 논쟁을 일으킨 우빙안 교수는 여러 차례 해명하고, 무형문화유산 신청은 남보다 먼저 등록한다는 말이 존재하지 않으며, 더욱이 보위전 같은 말은 필요 없다고 강조하며, 이렇게 말했다.

"무슨 단오절을 보위하는가? 이는 유네스코의 규정을 이해하지 못한 것이다. 무형문화유산 등재는 상표 등록과 다른 것으로 먼저 등재한다는 것이 존재하지 않는다. 우리에게는 두 개의 무지가 있다. 유네스코 무형문화유산 보호 규정에 무지하고, 전통 명절의 함축적 의미에 무지하다."[38]

예춘성 교수는 직접 보기 전에는 강릉 단오제가 유네스코 유산 등재에 실패할 것으로 보았다.

"단오절은 중국에서 기원했으며 굴원을 기념하는 것이다. 세계 평화평의회World Peace Council가 1953년 이미 세계 4대 문화 명인으로 굴원을 정했으며, 단오는 중국에 중요한 의미가 있으므로 다른 나라가 빼앗아 갈 수 없다."[39]

그러나 강릉 단오제를 직접 본 후에 생각이 완전히 바뀌었다.

"한국 정부와 국민의 문화유산 보호에 칭찬하고 감탄하는 한편, 문화 교류와 문화 자원의 공유는 정상적인 것이다. 한국 산신제는 단오에서 기원하지 않았으며, 단오 명절에 귀속되는 과정에서 단오제라는 명칭을 얻게 됐다."[40]

허쉐쥔 교수는 강릉 단오제와 중국 단오절의 관계를 항목별로 비교한 후에 '강릉 단오제는 한국의 민속 명절이다'[41]라고 명확히 밝혔다.

당시 언론 인터뷰를 통해 과열된 단오 논쟁에 가장 강력하게 경종을 울린 이는 중국민속학회 부이사장이었던 류쿠이리 교수와 비서장秘書長인 가오빙중高丙中 교수였다.

앞에서 밝힌 바와 같이 류 교수는 언론 인터뷰로 곤욕을 치른 바 있다. 류 교수는 학술 논문을 통해 무형문화유산 보호에 대한 견해를 발표했다.

"문화유산은 공유성의 특징이 선명하며 다른 사회 집단, 심지어는 다른 민족 혹은 국가가 함께 향유한다. 이러한 공유성의 특징으로 무형문화유산 보호는 중요한 의미가 있고 세계적 의미가 있는 것이다. 세계 각국의 우수한 민족 문화가 건강하게 발전하도록 세계 각국 정부와 민중이 자신의 우수한 문화 전통을 열심히 보호하는 것이 인류 문화 다양성 발전의 전제다. 한국 강릉 단오제가 등재되어도 중국이 단오절을 지내는 데 영향이 없다."[42]

가오빙중은 또 이렇게 말했다.

"단오 문화는 발생학적으로 중국이라 할 수 있으나 한국의 단오가 모방품이니 가치가 없다고 말할 수 없다. 그들은 외부의 문화를 참고로 자기 특유의 관념과 공연 예술을 융합시켰다. 당신이 애국심이 있다면 다른 사람도 애국심이 있는데, 다른 나라의 것을 자기 국가의 대표작이라 하겠는가? 이는 불가능한 것이다. 따라서 한국의 단오 문화는 한국 단오의 합리성이 있는 것이다. 당신이 이해하지 못할 뿐으로 상대방도 합리적이라는 가설을 할 때 문화를 함께 공유할 수 있다."[43]

그리고 한국이 등재한 것을 문화를 빼앗아 간 것으로 보는 견해에 반대했다.

"한국 강릉 단오제가 등재에 성공한다고 해서 중국이 단오절을 지낼 때 돈을 낼 필요는 없다. 문화는 모두가 함께 공유하는 것으로 빵과 다르다. 다른 사람이 빵을 한 입 먹은 것은 내가 먹을 빵을 한 입 주는 것이 아니다. 절대로 문화유산을 빵으로 보지 말아야 한다."[44]

중산대학中山大學 쑹준화宋俊華 교수도 "한국 강릉 단오제와 우리 단오절은 같은 것이 아니며 한국이 등재에 성공해도 중국 단오절도 등재할 수 있다. 두 나라 사이에 등재 경쟁이 있을 수 없으며 '한국이 승리했다'라는 개념이 존재할 수 없다. 따라서 한국의 단오절 등재에 중국이 괜히 놀란 것이다."[45]라고 했다.

그러나 언론에서 들끓고 네티즌이 흥분하고, 전 중국이 단오 보위전에 나서니 소수의 이성적 의견은 먼지처럼 사라졌다. 일단 민중의 정서에 애국이라는 깃발이 달리니 어떠한 비이성적인 말과 행동도 합법적인 것이 됐다.

4
단오 부흥 운동과 혐한의 시작

중국에서는 '단오 보위 운동'과 함께 자기반성 작업이 동시에 이루어졌다. 2004년 단오를 즈음하여 중국민속학회와 베이징 민속박물관 연합은 〈단오 민속 학술회의〉를 베이징 둥위에묘東岳廟에서 개최하고, 이 회의에서 이렇게 비판했다.

"중국 주류 지식인은 현대 사상의 창조 과정에서 옛것을 파괴하고 새로운 것을 세우는破舊立新 노선을 선택했다. 이러한 사상 노선은 상응하는 정치 운동과 결합해 중국 명절 문화가 심각하게 훼손되어 파편적인 모습으로 민간에 출현하게 했다."[46]

또 다른 학자는 단오 쟁탈전이 일어난 이유가 "우리가 자기 민족 문화에 충분한 자신감이 없기 때문"이라고 했다.[47]

한 연구자는 한국 강릉 단오제 등재가 불러온 시사점을 다음과 같이 말했다.

"단오절을 한국에 빼앗기는 것은 두렵지 않으나, 진정 두려운 것은 우리 전통 민족 문화에 대한 보호 의식이 점점 쇠락한다는 것이다. 많은 사람에게서 중화민족 전통문화에 대한 인식이 점점 약해져 단오절을 쫑쯔를 먹고 용주 경기를 하는 날로 알고 있다. 한국 단오절 등재 성공으로 중국의 전통문화에 경종을 울려 중국 전통문화 보호와 선전의 중요성을 이해하게 됐다."[48]

한국의 강릉 단오제 등재는 중국에서 전통문화 부흥 운동이 일어나는 직접적인 계기가 됐다. 각종 문화재보호법이 제정되고, 단오와 추석은 법정 공휴일로 지정됐으며, 학교에서는 전통문화 교육을 강화했다. 중국 민속학자들도 발 벗고 나섰다. 류쿠이리는 '민속 부흥'은 역사적 필연이다, 가오빙중은 한국이 신청에 성공한 것은 우리에게 많은 시사점을 주며 그들은 전통문화에 현대적 요소를 주입해 현대적으로 변화시키는 데 성공해 국제적으로 인정받았다, 중국 문화유산 보호는 이러한 점을 거울삼아야 한다고[49] 했다.

2000년대 중후반 중국 텔레비전은 단옷날이면 단오 현장을 연결해 생방송을 했다. 용주 경기 모습을 보여 주고 단오 명절을 지내는 사람들을 인터뷰하기도 했다. 결국 2009년 중국 단오절도 유네스코 무형문화유산 등재에 성공했다. 후베이성 쯔구이현秭歸縣의 굴원 고향 단오습속屈原 故里 端午習俗과 황스시黃石市의 시싸이 신저우회西塞 神舟會, 후난성 미뤄시汨羅市의 미뤄강변 단오습속汨羅江畔 端午習俗, 장쑤성 쑤저우시蘇州市의 쑤저우 단오습속蘇州 端午習俗을 묶어 '중국 단오절'이란 이름으로 후베이성이 대표로 신청했다.

위의 중국 단오절 중 필자는 2006년 황스시 단오절을 직접 참관한 적이 있다. 주요 활동은 도사가 재앙을 물리치는 의례를 거행한 후 신주神舟에 재앙을 담아 강으로 띄워 보내는 것이다. 신주가 멀

굴원을 제사하는 굴원궁 새로 신축했으며 안에는 굴원의 소상이 모셔져 있는데 사람들은 제물을 바치고 절을 한다.

재앙을 물리치는 신들 신주 안에는 종이로 만든 각종 신이 있는데 이들은 사람들을 위해 재앙을 물리친다.

도사가 의례를 거행하는 모습 도사는 도교의 사제자로 중국 남방에서 각종 민간 의례를 주관한다.

신주를 강가로 옮기는 모습 신주는 용의 모습으로 입을 크게 벌리고 있으며, 등에는 각종 재앙을 물리치는 신들을 태우고 있다.

신주를 띠배에 태우는 모습 신주는 종이로 만들어서 쉽게 물에 젖어 가라앉는다. 따라서 짚으로 만든 배에 신주를 얹어 떠내려 보낸다.

떠나가는 신주를 보며 기도하는 사람들 모든 재앙을 신주가 가지고 가서 한 해가 무사태평하기를 간절히 기도한다.

리 떠날 때 사람들은 강변에 꿇어앉아 질병과 재난을 모두 싣고 가기를 간절히 기도한다.

비록 중국 단오절도 유네스코 무형문화유산에 등재됐으나 한국에 대한 분노는 가라앉지 않았다. 강릉 단오제 사건은 한국 문화에 대한 환호에서 혐한으로 바뀌는 중요한 계기가 됐다. 2012년 한국《서울신문》이 한 조사에 의하면 한국을 싫어하는 이유로 한국인은 쉽게 흥분한다, 극단적이다, 자존심이 너무 강하다, 자신이 대단하다고 착각한다 등을 들었고, 가장 반감이 가는 점은 강릉 단오제를 유네스코 문화유산에 등재한 것이라고 했다.[50]

강릉 단오제를 둘러싼 일련의 논쟁은 끝났지만, 한국을 '문화도둑'으로 인식한 당시 상황은 아직도 심각한 영향을 미치고 있다. 필자를 비롯해 중국에서 생활한 많은 사람은 단오절을 빼앗아 간 도둑이라는 이야기를 들어야만 했다.

단오 논쟁이 한참 지난 2014년에도 단오는 중국에서 뜨거운 주제였던 듯하다. 한국에 가서 중국어를 가르치고 중국 문화를 전파할 중국 학생을 교육하는 수업에서 한 학생은 단오와 관련된 질문이 나오면 어떻게 대답해야 할지 물었다. 이에 대해 선생님은 이렇게 대답하라고 했다.

"한국 단오는 중국의 단오와 다른 것으로 한국에서 신청한 것은 단오제다. 한국은 향 주머니를 만들지 않고 용주 경기를 하지 않으며 쭝쯔를 먹지 않는다."[51]

3

단오가 일으킨 파장, 신라인은 초나라 사람?

1
우한으로부터 날아온 초청장

우한武漢은 우리에게 더는 생소한 도시가 아니다. 2019년 말 우한에서 코로나바이러스감염증-19가 발병했다는 소식이 전해지며 순식간에 세계의 이목을 집중시켰다.

우한은 중국 중심에 있는 후베이성의 성도로 공업 도시이자 교통의 요지다. 우한 중심에는 창강長江이 도도히 흐르고, 창강을 사이에 두고 우창武昌과 한커우漢口가 있다. 두 지역 앞 글자를 합쳐 우한이라 부른다. 창강에 놓인 다리를 통해 두 도시를 오갈 수도 있고 배를 타고 강을 건널 수도 있다. 우한은 중국의 3대 화로火爐 중 하나로, 여름이면 40도가 넘는 날도 있다.

중국에는 '하늘에는 구두조九頭鳥가 있고, 땅에는 후베이 사람이 있다'라는 말이 있다. 이 말은 후베이 사람은 교활하다는 의미를 담고 있다. 구두조는 '머리가 아홉 개 달린 새'라는 뜻으로, 고대 중국어에서 '구九'와 '귀鬼'는 발음이 같아 귀조鬼鳥라고도 부르고, 귀차鬼車라고도 불렀다.

귀차는 봄과 여름 사이에 황혼이 질 무렵 울면서 날아가는데 고개 밖에 더욱 많으며 집으로 들어가 사람들의 혼을 소멸시키는 것을 좋아한다. 어떤 사람은 귀조는 머리가 아홉 개 있는데 일찍이 개가 머리 하나를 깨물어 항상 피를 흘리고 있으며, 피가 사람의 집에 떨어지면 불길한 일이 생긴다고 한다.《형초세시기》에서는 '귀차가 온다는 소리를 들으면 개를 부른다'라고 했다.[52]

사람들은 구두조가 나타나면 집마다 침대를 때리고, 문을 두드리고, 개를 부르고, 구두조가 지나가길 기다렸다.[53]

후베이 사람이 이렇게 무시무시한 새와 연결된 것에는 역사적 원인이 있다.

구두조는 원래 구봉九鳳으로 초나라 사람들이 길상으로 여기는 신성한 새였으나 후대 문헌에서는 요사스러운 구두조로 통속화됐다. 구봉이 구두조가 된 것은 주나라와 초나라 사이에 발생한 전쟁과 관련 있다. 주나라 소왕昭王은 군대를 이끌고 직접 전쟁에 참여했다가 한수漢水에서 죽어 타향의 귀신이 됐다. 주나라는 천하를 통일한 후 초나라의 신성한 새인 구봉을 구두조로 격하했다.[54]

역사는 승자가 쓰기 때문에 주나라 사람들은 초나라의 신성한 새인 아홉 머리 봉황을 구두조라 불렀고, 초나라 땅이었던 후베이에 거주하는 사람들은 교활하다는 누명을 쓰게 됐다.

2005년 중국에서 단오 논쟁이 뜨겁던 시기, 나는 구두조의 땅 우한으로부터 초청장을 받았다. 평소에 알고 지내던 베이징의 학자에게 우한의 한 대학에 1년간 머물며 '한국과 초나라 문화 비교 연구'를 해 달라는 부탁을 받았다. 2006년 1월, 필자는 반은 설레고, 반은 긴장된 마음으로 우한으로 출발했다.

2
신라는 초나라 사람이 세운 국가?

비행기에서 내려 택시를 타고 우한 시내로 향했다. 겨울이었지만 날씨는 포근했고, 끝이 보이지 않는 호수는 물을 가득 채운 채 반짝반짝 빛나고 있었다. 수국水國의 이채로운 풍경과 청명한 하늘은 아름다움 그 자체였다. 우한은 아름다운 도시였다. 아열대 지역의 나무들은 하늘을 향해 치솟아 바람결에 흔들렸고, 아름다운 새들이 그사이를 누볐다. 사람들은 농경민다운 선량함과 온화함을 지니고 있었고, 음식은 더할 나위 없는 산해진미였다.

　　그러나 우한에 도착한 후 며칠이 지나지 않아 심상치 않은 분위기를 감지할 수 있었다. 듣자 하니 강릉 단오제에 참가했던 한 교수가 중국으로 돌아간 후 자신이 강릉에서 며칠 관찰한 내용을 근거로 '한국 단오제는 초나라 사람이 멸망한 후 한국으로 가져간 것'이라는 내용을 발표했다고 한다. 이 학자는 "양국 단오제에서 유사성이 나타나고 후베이성과 한국에서 한강, 강릉, 태백, 양양, 단양 등 동일 지명이 등장하는 것은 초나라가 멸망한 후 초나라 사람이 한국으로 이주했기 때문"이라고 주장했다. 그동안 단오 논쟁이 문화 전파에 국한된 것이었다면, 우한의 단오 논쟁에는 초나라 사람의 한국 이주설까지 등장했다. 논란은 확대돼 결국 '한국인의 조상은 중국인이며, 따라서 한국은 중국에 속한다'라는 결론에 이르렀다.

이러한 주장은 현지 신문인 《후베이런민일보湖北人民日報》뿐만 아니라 중앙의 《신화통신新華通信》에서도 비중 있게 다루었고, 일반인은 별다른 의심 없이 받아들이는 분위기였다. 심지어 필자에게 고향에 돌아온 것을 환영한다고 말한 사람까지 있었다.

그러나 우한 현지 학자들은 이러한 주장에 무리가 있다고 생각했다. 결국 스스로 결론을 내릴 수 없다고 판단해 한국 학자를 초청해 초나라 문화와 한국 문화를 비교하자고 결론을 내렸다. 이러한 과정에서 나에게 초청장을 보냈고, 필자는 우한에서 파란만장한 삶을 시작하게 됐다. 필자는 중난민주대학中南民族大學에서 1년간 '초나라와 한국 문화의 비교 연구'라는 주제로 연구를 진행했다.

위와 같은 주장을 한 학자는 중난민주대학에 근무하는 양완쥐안楊萬娟 교수로, 나를 초청한 장본인이기도 했다. 나는 서둘러 양 교수의 글을 읽어 보았다. 2005년 1월 발표한 논문 〈한국 문화와 초 문화의 연원 관계 초탐〉[55] 내용을 정리하면 대략 다음과 같다.

2004년 한국 강릉 단오제에 참관했는데 강릉 단오제의 일부 민속과 초나라 습속이 매우 비슷해 돌아온 후에 대량의 문헌 자료를 살펴보고 놀랄 만한 사실을 발견했다. 한국 문화의 주류는 중국 초 문화와 관련이 있다.

첫째, 한국의 지명과 초나라 지명이 유사하다. 한국의 강릉, 단양, 양양, 한양, 한강, 동정호 등 지명은 2천여 년 전 초나라 지명과 공간 분포가 같다. 이들 지명의 한국 내 분포를 보면 단양은 한강 상류에 있고, 한양은 한강 하류에 있다. 강원도 강릉과 양양은 모두 한강 상류에서 멀지 않은 곳에 있고, 동정호도 강원도에 있다. 가장 흥미로운 것은 한국 한강이 태백산에서 발원한다는 것으로, 중국 한강도 산시성陝西省 친링秦嶺 타이바이산太白山에서 발원한다는 것이다.

둘째, 한국 단군 신화에 초나라 문화의 흔적이 보인다. 단군 신화에는 곰 토템이 있는데 초나라도 곰 토템이 있다. 삼위와 태백의 위치를 두고 한국 학계에는 다양한 의견이 있는데, 필자의 생각으로 삼위와 태백은 강원도와 경상도 경계에 있는 태백산이다. 초나라 굴원이 지은 《초사楚辭》 중 풍백, 우사, 뇌공雷公이 나오는데, 단군 신화에도 풍백, 우사, 운사가 나온다. 단군 신화에서 천신은 환웅에게 천부인을 주는데, 천부인은 무구이며, 초나라도 무속이 발달했다. 단군 신화에서 환웅은 곰과 호랑이에게 쑥과 마늘을 주는데 초나라는 단오 때 쑥과 마늘대를 걸어 벽사하는 습속이 있다.

셋째, 초나라에 속한 소국인 나국羅國과 노국盧國 사람이 한국으로 건너가 진한 사람이 됐고 후에 신라를 건국했다. 기원전 8세기 중국 한강 중류에 나국과 노국이 있었는데, 이들 나라에는 각각 곰 토템과 호랑이 토템이 있었다. 이들은 초나라가 진나라에 멸망당한 후 방사 한종韓終을 따라 기원전 212년 한국에 도착했다. 이러한 상황은 《삼국지》와 《후한서》에 '진한은 고대 진국辰國이다. 진한 노인들이 말하기를 진秦나라에서 고역을 피해 한국으로 도망 왔다'라는 내용으로 증명된다. 진한의 부락 국가에 노盧 자가 많이 보이고, 심지어는 초楚 자가 들어간 국명도 보이는데, 이는 초나라 사람이 신라 땅으로 이동한 역사적 상황을 반영한다. 신라를 사라斯羅 또는 사로盧斯라 하는 것은 나국과 노국 사람이 신라를 세웠기 때문에 국명에 나 자와 노 자가 남아 있는 것이다. 나국과 노국의 곰 토템과 호랑이 토템의 관계는 단군 신화에 남아 있다.

넷째, 한종은 진시황의 선약을 찾으라는 명령에 불복해 진한으로 도망갔으며, 진한辰韓 또는 진한秦韓이란 국명은 진秦나라 사람 한종을 기념하기 위한 것이다. 한종은 단군 신화 중 환웅의 원형으로, 환웅이 무리 3천을 이끌고 태백산 정상에 내려왔다는 것은 한종이 나씨족과 노씨족 3천 신민을 이끌고 강원도의 태백산 아래 정착한 것을 말한다. 단군은 신라의 수령으로 신라는 한반도를 통일한 후 익숙한 한자로 개국 신화를 기록했다. 한국 나씨와 노씨는 초나라 사람이다.

일곱째, 강릉 단오제가 초나라 무속 특색이 강한 것은 초나라 사람이 한국으로 이동해 신라를 세웠기 때문이다.

결론적으로 초나라 사람 3천여 명이 한종과 함께 한반도로 이동하여 진한을 세웠으며, 한종은 단군 신화 환웅의 원형이기 때문에 한국 문화의 주류는 초 문화와 깊은 관련이 있다.

초나라는 '주 성왕이 웅역熊繹을 초나라에 봉하고 단양丹陽에 거주하게 한'[56] 주나라의 제후국이었다. 주나라 이왕夷王 시기 초나라왕 웅거熊渠는 주나라로부터 독립을 선언했다.

웅거는 "나는 만이蠻夷다. 중원의 여러 나라와 같은 명칭의 시호를 쓸 필요가 없다"라고 했다. 그리고 장자 강康을 구왕句王에 봉하고 두 번째 아들 홍紅을 악왕鄂王에 봉했으며 막내아들 집자執疵를 월장왕越章王에 봉했다.[57]

초나라는 스스로 남방의 만이임을 자처하며 중원의 지배에서 벗어나려 했다.

춘추 초기부터 초나라는 대규모의 겸병 전쟁을 벌여 춘추오패 중 하나가 됐다. 657년에는 지금의 허난성河南省 남서부의 신申, 식息, 등鄧 등 국가를 멸망시키고 정鄭나라를 공격하며 세력을 중원으로 확장했다. 전국 시기에는 전국칠웅 중 영토가 가장 넓은 나라가 됐다. 초나라는 60여 개 소국을 멸망시켰으며 중국 남부를 통일했고, 가장 번성한 시기 면적은 100만 제곱킬로미터에 달했다. 이 시기 초나라 인구는 전국 시기 전체 인구의 4분에 1에 해당했다.

초나라가 전국 시기 가장 강성한 국가로 성장할 수 있었던 요인 중 하나는 풍부한 구리 매장량 덕분이다. 현재 지질 조사에 의하면 중국에서 구리 매장량이 가장 풍부한 지역은 창강 중하류이며, 황하 유역은 많지 않다[58]고 한다.

서쪽의 허베이성 어저우鄂州부터 동쪽의 상하이上海에 이르는 지역이 청동 광산이 분포하는 지역이다. 창강 중하류 청동 금속 저장량은 전국 저장량의 31.9%에 이르며 전국의 4대 구리 광산이 가장 많이 분포한다.[59]

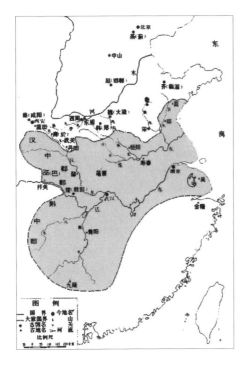

기원전 318년 초나라가 가장 번성했을 당시 지도[60] 초나라는 북으로 허난성과 산둥성 남부, 동으로 해안, 남으로 구이저우성 동부와 광시성 북부까지 진출했다.

초나라는 기원전 10세기 무렵 건국됐으며 기원전 212년 진나라에 멸망할 때까지 800여 년간 지속됐다.

이처럼 광대한 지역을 다스린 초나라의 문화는 중원과는 다른 특색을 가지고 있었다. 중원의 엄숙하고 중압적인 문화와 대별되는 낭만적이고, 호방하며 환상적인 문화를 창조했다. 초 문화의 이러한 특징은 굴원과 장자의 작품을 통해 확인할 수 있다. 편종을 비롯한 각종 악기, 비단 직조, 자수, 칠기, 무속, 문학 등은 당시 가장 뛰어난 수준을 보유했으며, 일부는 후대 기술보다 앞선 것도 있다.

증후을묘 출토 편종 규모가 거대하며 출토 시 완전무결했다. 3층 구조로 최상층에는 19개 뉴종(鈕鐘), 중하층에는 45개의 용종(甬鐘)이 달려 있다. 후베이성 박물관 소장. 필자 촬영

청동 정 초나라는 대규모의 구리 광산을 가지고 있었기 때문에 많은 청동 예기를 제작했다. 후베이성 박물관 소장. 필자 촬영

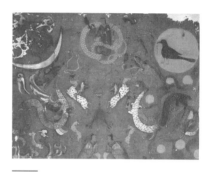

마왕두이 출토 백화 관 위에 덮는 비단에 그린 그림으로, 망자가 도달할 저승 세계를 표현하고 있다. 가운데 뱀을 감고 한 사람이 앉아 있고 양쪽에는 해와 달이 그려져 있다.

용, 봉황, 호랑이 자수 비단[61] 속이 비치는 얇은 비단에 동물 문양 자수를 했는데, 초나라의 일부 직조와 자수 기술은 후대보다 앞섰다고 한다.

돼지 모양 그릇 함[62] 뚜껑을 열면 구획이 분할되어 크고 작은 그릇들을 담을 수 있다.

이배 칠기 제품으로 양쪽에 귀가 있어 이배(耳杯)라 한다. 술을 마실 땐 양쪽 귀를 잡고 마신다.

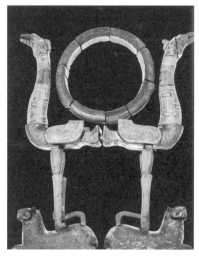

호좌조가[63] 호랑이 두 마리는 양쪽 받침이고, 그 위에 봉황 두 마리가 서로 등을 보이며 서 있다. 가운데 둥근 모양의 틀은 원래 북이었는데, 가죽은 썩어 텅 빈 상태다.

양 교수의 글은 한눈에 보아도 논리적 비약이 매우 심함을 알 수 있다. 나국과 노국 사람들의 멸망 후 이동 노선을 자의로 설정하고, 전혀 관련이 없는 한종과 연계해 한국으로 이동했음을 설명했다. 태백, 삼위, 초나라의 수도 등에 관해 중국에는 다양한 학설이 있는데, 양 교수는 자기 견해에 유리한 학설만을 자의적으로 채용했다. 그리고 한국과 관련된 내용은 굳이 설명하지 않아도 양 교수가 한국에 대한 이해가 전혀 없음을 알 수 있을 것이다. 예를 들어 단군 신화는 고조선 신화인데, 신라 신화로 설명하고 있다.

양 교수의 주장은 중국 학계에서도 폐기된 상태이기 때문에 더는 구체적인 논의가 필요치 않다고 본다. 여기서는 한 가지 예만 들어보겠다.

초나라 초기 도읍인 단양은 양 교수가 초나라 사람의 이주설을 주장하는 중요한 근거다. 한국의 단양과 초나라의 단양이 모두 한강 상류에 있다고 한다. 기록에 의하면 초왕 웅역은 단양에 살았다[64]고 하는데, 단양의 위치를 두고 중국 학계에서는 의견이 다양하다. 쯔구이설秭歸說, 즈장설枝江說, 단시설丹淅說, 당투설當涂說, 남장설南漳說, 상셴설商縣說 중 양 교수는 단시설을 채용했다.

문헌 기록이 정확하지 않기 때문에 중국 학계에서 단양의 위치는 장기간 의견이 분분한 상태다. 쯔구이는 너무 편벽한 곳으로 공격을 막기에는 편리하나 발전에 유리하지 않고 초나라 유적이 발견되지 않아 폐기됐다. 즈장은 강릉에서 매우 가까운 곳이나 초나라 후기 도읍이 있었던 곳이다. 당투는《한서》〈지리지〉에 기록이 있으나 창강 하류의 안후이성安徽省 경내로 초나라 유적이 발견되지 않았다. 난장설과 상셴설도 현지에서 초나라 유적이 발견되지 않아 대부분 지지하지 않는다. 단시는 초나라 유물이 발굴돼 많은 학자가 지지했다. 하지만 가장 이른 시기 유적이 춘추 중후반기이며, 서주 시기 문화는 중원 문화 특징을 가지고 있다. 따라서 단시 또한 초기 초나라의 도읍인 단양이 위치한 곳으로 보기에는 고고학적 증거가 부족하다. 초나라 초기 유적이 즈장 일대에서 발견돼 현재 즈장설이 지지를 받고 있다. 그런데 양 교수는 위의 다양한 학설 중 별다른 논증 없이 자신에게 유리한 단시설을 채용했다. 양 교수의 논문에 이러한 예는 비일비재하다.

양 교수는 이후에도 몇 편의 논문을 발표했다.

한국 단오제에서 신주를 빚는 것은 초나라의 포모축주包茅縮酒 습속의 복제품으로 고대 초 문화와 한국 문화는 반드시 연원 관계가 있다.[65]

씨름은 초나라가 수군을 훈련하던 기술인 견구牽鉤에서 기원했으며, 이는 세계에서 가장 이른 씨름에 관한 기록이다.[66]

3

초나라 사람은 그 오랜 시간
어디에 있었던 것일까?

뜨거운 봄과 여름이 지나고 10월 25일~26일 후베이성 샹판시襄樊市 정부의 대대적인 지원으로 〈아시아 민속 문화와 형초 문화亞細亞 民俗 文化與荊楚文化〉국제 학술회의가 열렸다. 샹판시는 2010년 샹양시襄陽市로 이름을 바꾸었는데, 한국 양양군과 한자가 동일하다. 샹판시는 양 교수 글에 영향을 받아 초 문화와 한국 문화를 비교할 욕심으로 학술 대회를 지원했다. 이 학술 대회에는 동아시아 여러 나라에서 80여 명의 학자가 참여했는데, 한국 학자들에게는 '초 문화와 한국 문화의 비교 연구'라는 주제를 줬다.

샹판시에서 국제 학술회의를 개최하고 한국 학자들에게 초 문화와 한국 문화의 관계에 대해 발표하게 한 것은 특별한 목적이 있었다. 즉 한국 학자들의 입을 통해 한국과 초나라가 깊은 연원 관계가 있음을 증명해 초나라 사람의 한국 이주설을 증명하기 위한 것이었다. 당시 학술회의 주최 측은 한국 학자들에게 우한에서 일어난 논쟁에 관해 설명하지 않았다.

학술회의 첫날 한국 학자들은 이번 학술회의를 개최하는 이유도 모른 채 한국 문화와 초 문화의 관계에 대해 발표했다. 사실 한국에서 온 학자들은 초 문화를 잘 모르기 때문에 자신들이 하고 싶은 얘기를 각자 하는 정도였다. 문제는 회의 마지막에 양 교수가 이번 학술회의를 개괄하는 논문을 발표하면서 발생했다. 양 교수는 초나라 사람이 신라를 세웠다는 기존 내용을 발표했다. 한국 학자 중에는 중국말을 알아듣는 사람이 없었기 때문에, 그대로 있으면 양 교수의 견해를 한국 학자들이 인정하는 상황이 됐다. 당시 현장에는 《신화통신》을 비롯한 많은 언론사가 회의 내용을 급히 송고하기 위해 취재하고 있었기 때문에 그대로 묵과할 수 없었다. 나는 어쩔 수 없이 손을 들고 일어나 양 교수 논문의 문제점을 지적했다.

필자는 회의를 마치고 《신화통신》 기자를 찾아가 오늘 회의 내용을 기사로 쓸 것인지 물었다. 기자는 그날 밤 인터넷에 〈한국인의 기원은 초나라〉라는 기사를 올릴 것이라고 했다. 필자는 기자에게 이렇게 말했다.

"초나라인이 한국으로 이주해 신라를 건국했기 때문에 한국에 관련 지명이 나타나고 단오제를 거행한다는 주장은 전혀 근거가 없다. 나에게 며칠 시간을 주면 이러한 주장이 왜 근거가 없는지 내용을 정리해 보내 주겠다."

당시 《신화통신》에 보낸 내용 중 일부를 간략히 정리하면 아래 표와 같다.

| 초나라가 한국의 기원이라는 주장에 대한 반박

주제	중국 학자 주장	반박 논리
한강	한강은 후베이성 중부 지역을 흐르는데, 이 지역은 초나라 지역으로 초나라인이 한국으로 이주 후 현지 지명을 사용했으므로 한국에 한강이란 지명이 등장한다.	- 한국의 한강이란 지명은 동진東晉과 교류한 이후 등장해 초나라 멸망과 700년 정도 차이가 난다. - 한강의 '한'은 '크다'라는 의미다. - 만약 한강이란 단어가 초나라 사람이 이주 시 가지고 온 지명이라면 신라 지역에 있어야 하지만, 한강은 한반도 중부인 당시 백제 지역에 있다.
강릉	중국의 한강 주변에 강릉이 있는데, 한국도 한강 주변에 강릉이 있다.	- 고려 시기 강릉부江陵府라는 지명이 등장하는데, 이는 초나라 멸망 1천 년 이후다. - 중국 강릉은 한강 주변이 아닌 창강 주변에 있다. - 한국 강릉도 한강 주변에 있지 않다.
단양	단양은 초나라 초기 수도로, 중국과 한국 단양은 모두 한강 주변에 있다.	- 단양군은 1895년 등장하는데, 이는 초나라 멸망 2천여 년 이후다. - 초나라 단양의 구체적 위치가 불명확하다. - 중국 단양은 단수丹水 북쪽에 있으므로 단양이라 부르는 것으로 한수漢水와 관련 없다. - 한국 단양은 충청북도에 위치해 한강과 관련이 없다.
양양	중국 한강의 상류에 양양이 있는데 한국 상황과 일치한다.	- 조선 시대인 1895년에 양양군이 등장한다. 이는 초나라 멸망 2천 년 이후다. - 한국 양양은 한강 상류에 있지 않다.
태백산	단군 신화에서 환웅이 내려오는 삼위 태백은 강원도 태백산으로, 중국과 한국 한강의 원류는 태백산이다.	- 삼위 태백은 한국 고문헌에 의하면 묘향산이라고 한다. - 삼위 태백은 고조선과 관련이 있는 지역으로 당연히 북한에 있는 것이 타당하다.
동정호	초나라 지역에 동정호가 있는데, 한국도 초나라 사람이 이주한 지역에 있다.	- 한강 상류에도 있지만, 경상남도 하동에도 있다.
노씨와 나씨	노씨와 나씨는 멸망한 초나라 사람이 한국으로 이주한 사람의 후손이다.	- 한국의 나주 나씨와 광산 노씨, 교하 노씨는 본관으로 보아 이들의 원 거주지는 신라가 아니다. - 한국의 나씨와 노씨는 당송 시기 이주하여 초나라 멸망 900년 후 한국에 도착한다.

주제	중국 학자 주장	반박 논리
곰 토템	초나라와 단군 신화에는 곰 토템이 나타난다.	- 초나라 왕의 성씨는 웅熊이라 하는데 금문에서는 모두 염酓이라 쓴다. - 웅과 염은 초나라말을 한자로 음차한 것이며, 웅熊이 곰 토템을 의미하지 않는다.
한종과 환웅	한종은 환웅의 원형으로 자신들의 문자인 한자로 한종 이야기를 기록한 것이 환웅 신화다.	- 초나라는 기원전 2세기에 멸망하는데, 고조선은 기원전 10세기 건국해 한종이 환웅의 원형이라는 것은 논리에 맞지 않는다. - 한종은 전설상의 인물로, 실존 인물이 아니다. - 신라에는 곰 신화가 없고, 따라서 단군은 신라의 수령이 아니다. - 한종이 한자를 한국에 전달했다고 하는데 한자는 고구려를 통해 전달됐다.
포모축주 苞茅縮酒	초나라 포모축주는 강릉 단오제의 신주 빚기와 같다.	- 양 교수가 한국에서 본 것은 갈대가 아니라 솔잎으로, 술의 향을 내기 위해 누룩과 함께 버무리는 것이다.
천부인	단군 신화의 천부인은 초나라 무속을 반영한 것이다.	- 천부인 중 청동검은 비파형 청동검으로, 요녕식 청동검으로도 불린다. - 고조선 문화는 북방 문화로 남방의 초나라 문화와 관련이 없다.
초나라 망명인	고문헌에서 진한 사람은 진나라에서 망명해 왔다고 하는데, 이들은 초나라 멸망 후 진나라 시기 이동한 사람이다.	- 초나라 언어는 중원의 언어와는 달랐다고 한다. 망명인은 진나라말을 했지 초나라말을 하지 않았다. - 사료에 의하면, 고조선 유민이 삼한의 주요 구성원이라 한다.
사라斯羅 와 사로斯盧	나씨와 노씨가 이동했기 때문에 신라 이름에 '나' 자와 '노' 자가 들어간다.	- 신라는 돌궐어로 새로운 땅이라는 뜻이다. - 신라는 스키타이식 철기 문화의 영향이 강하다.

언뜻 보면 한국 중부 지역과 중국 후베이성 일대에서 같은 지명이 등장해 이들 사이에 모종의 연관 관계가 있는 것으로 보이기도 한다. 그러나 위의 표에서 살펴본 바와 같이 시간과 지역이 일치하지 않아 초나라인의 신라 이주설은 성립할 수 없다. 초나라가 멸망하고 한강은 700년 후, 강릉은 1천 년 후, 단양과 양양은 2천 년

후에 등장한다. 양 교수의 주장대로 양국에서 동일한 지명이 등장하는 이유가 초나라 사람들이 고향의 지명을 그대로 사용했기 때문이라면, 이들은 1천 년이라는 긴 시간 동안 어디에 있었던 것일까? 비록 동일한 형태의 문화 현상이 동시에 두 곳에서 발견된다고 해도 1천 년 이상 차이가 나는 경우 이주민설이나 전파설로 설명하는 것은 어떠한 학문에서도 불가능한 일이다.

4

끝나지 않은 초나라 기원설

2015년 《샹양일보襄陽日報》[67]는 현지 학자와의 대담 기사를 실었다. 기사 내용을 보니 한국 양양군과 샹양시는 아직도 교류하고 있는 것으로 보였다. 기자는 한국 양양과 중국 샹양의 연관성이 언제 시작됐는지 질문했는데, 학자는 양 교수의 주장을 잠시 소개했다. 이에 기자는 이렇게 말했다.

"2006년으로 기억하는데 국제아세아민속학회를 샹판에서 개최한 적이 있다. 당시 한국과 일본의 많은 학자가 참여했다. 양완쥐안이 이 회의에서 위의 관점을 제기했고, 한국 여성 학자가 반박했다. 그런데 이상한 것은 양 교수의 논문이 문제가 많음에도 아직 많은 지지를 받고 있다는 것이다."

이후에도 블로그나 웨이신WeChat, 微信, 중국의 모바일 메신저에서는 양 교수의 주장을 반복하는 내용이 올라오고 있다. 단오는 본래 중국 초나라 문화로 만약 단오가 한국 것이라면 한국이 중국에 속한다는 것을 인정하는 것이다, 왜 한국인의 원적은 후베이인가 등등의 내용이다.

《후베이일보湖北日報荊楚網》 기자는 최근 〈한국인의 조상은 전국 시기 초나라 사람〉이란 글이 웨이신에서 전파되고 있어 한국인의 조상이 정말 초나라 사람인지 전문가 인터뷰를 했다고 한다. 후베이 성 사회과학원 초 문화연구소 소장 장숴張碩는 이에 답했다.

"이러한 설은 일찍이 중난민주대학 교수 양완줴안의 논문에 근거한 것으로 학계의 인정을 받지 못했고, 역사 문헌으로도 증명되지 않는다. 일부 중국인이 한국으로 가서 정착했을 가능성도 있으나 한국인의 조상이 전국 시기 초나라 사람이라는 것은 성립할 수 없다."[68]

4

단오에 놀라
중추절을
법정 공휴일로

1
중국의 중추절 기원 논쟁

전 중국이 단오 전쟁으로 뜨겁고, 후베이성에서 초나라 사람의 신라 이주설로 논쟁이 가열됐을 때, 또 하나의 이슈가 중국을 뜨겁게 달구고 있었다. 그것은 중국 중추절이 신라에서 기원했다는 주장으로, 이를 반대하는 학자들이 가세하면서 격화됐다.

처음 논쟁에 불을 붙인 사람은 슝페이熊飛다. 슝페이는 1996년 〈중추절 기원에 대한 문화적 사고〉[69]라는 논문에서 엔닌圓仁의 《입당구법순례행기》를 들어 중추절이 신라에서 기원했다고 주장했다.

2000년 양린楊琳[70]은 '엔닌이란 승려가 말한 중추절의 기원은 일종의 전설로 믿을 만한 것이 못 된다'라고 전제하고, 중추절이 신라에서 기원했다는 슝페이의 주장을 세 가지로 반박했다.

첫째, 문화가 영향을 주는 일반적인 규율은 정치적으로, 경제적으로 우세한 민족이 문화에 있어 우위를 점하고 문화가 열세한 민족이 모방하거나 흡수한다. 당나라는 당시 세계적인 강국으로 주변 각국은 당나라에 와서 중국 문화를 공부했다. 이처럼 우세한 위치에 있던 당나라가 소국의 명절을 수입했을 가능성은 거의 없다.

둘째, 발해국은 중종 이래 당나라에 귀속돼 있었기 때문에 당나라는 발해국을 지방 정권으로 생각했다. 그런데 자신의 지방 정권인 발해를 무너뜨린 전쟁을 기념하는 명절을 당나라가 수입했을 가능성은 없다.

셋째, 엔닌의 기록은 당나라 문종 시기인 893년 기록으로, 이 시기 중국은 이미 중추절을 지내는 습속이 있었다.

2003년 류더쩡劉德增은 〈중추절의 신라 기원설에 대한 고찰〉[71]을 발표해 다시 중추절이 신라에서 기원했다고 했다.

당나라의 중추는 소수의 사람만이 참여하여 명절로서의 특징을 가지고 있지 않았다. 당나라에 거주한 신라인들의 8월 15일 명절은 호속胡俗을 좋아하는 당나라 사람에게 영향을 주었으며, 당나라의 달을 감상하는 습속과 연계되어 북송 시기 중추절이 형성됐다.

2008년 황타오黃濤는 〈중추절은 당나라 시기 달 감상 습속에서 기원, 중추절의 신라 기원설에 대한 반박을 겸하여〉[72]라는 논문에서 다시 신라 기원설을 비판했다.

중추절의 직접적인 기원은 당나라 초기 달을 감상하던 습속이다. 8월 15일에 달을 감상하고 시를 짓고 술을 마시는 풍속이 당나라 중기 이후 하층 사회에도 영향을 주었으며, 당나라 말기에는 전 사회가 즐기는 명절이 됐다. 따라서 신라에서 기원한 것은 아니다.

황타오는 신라 기원설을 주장한 슝페이와 류더쩡의 견해도 비판했다. 슝페이의 견해에 대해서는 "신라 교민이 먹은 박탁餺飥은 수당 시기 유행한 면 음식으로 납작한 밀가루 조각을 물에 넣고 끓여 먹는 것이다. 병식餠食은 주나라에서 송나라까지 평상시에 먹었던 면 음식이다. 병餠은 면 음식의 총칭으로 원형의 떡을 의미하지 않으며 월병과는 다른 것으로 신라 교민의 활동은 중국의 중추절과 공통점이 없다"라고 했다. 류 교수에 대해서는 "중국의 중추절 습속과 내용이 완전히 다른 신라의 8월 15일 명절이 어떻게 영향을 주었는지에 대한 논증이 없다"라고 비판하고 이렇게 덧붙였다.

2005년 한국의 단오절이 '유네스코 인류무형문화유산'에 선정돼 중국의 문화유산 보호에 경종을 울렸다. 따라서 중국과 한국의 중추절의 기원에 관한 논쟁도 경각심을 가져야 한다. 중추절은 중화민족의 전통문화에서 기원한 것이 확실하지만 북한, 한국, 싱가포르가 동시에 유네스코 인류무형문화유산에 신청한다면 중국이 승리한다고 낙관할 수 없다. 따라서 '국가 문화 안전'이라는 각도에서 서둘러 효과적인 보호와 번영 정책을 취해야 한다.

중국 국무원國務院은 2006년 5월 20일 중추절을 〈국가급 무형문화유산國家級非物質文化遺産〉에 등록하고, 2008년에는 〈전국 명절과 기념일 휴가 방안全國年節及紀念日放假辦法〉을 통과시켜 중추절을 법정 공휴일로 지정했다. 갑자기 중국에서 중추절이 법정 공휴일로 지정된 것을 한국에서는 인지하지 못했으나 중국에서 중추절의 기원을 둘러싼 일련의 논쟁이 있었기 때문이다.

2
신라 시대 시작된 추석

적산 법화원은 현재 산둥성山東省 룽청시榮成市 스다오진石島鎮 북부에 있는 적산赤山 남쪽에 위치한다. 적산 법화원은 장보고의 교역선이 왕래하고 신라에서 당나라로 보내는 무역 사절단인 대당매물사大唐賣物使도 방문하는 곳으로 대당 무역의 중심지였다. 외교적으로도 중요한 역할을 하였다. 기록에 의하면 당나라에서 신라로 파견한 사신인 청주병마사靑州兵馬使 오자진吳子陳, 최부사崔副使, 왕판관王判官 등 30여 명이 적산 법화원을 방문하기도 했다.[73] 적산 법화원은 해상 교류의 중심지이자 외교 중심지였다.

당시 산둥반도에는 신라인 마을이 도처에 산포했으며, 적산 법화원 일대에는 신라인이 거주하는 신라방도 있었다. 산둥성 동남부 지역에는 단산포旦山浦, 장회포長淮浦, 유산포乳山浦, 소촌포邵村浦, 도촌陶村이 있었다. 남부 지역에는 뇌산牢山, 대주산大珠山, 참산嶁山이 있었다. 북부 지역에는 등주登州, 안향포安香浦에 신라인이 거주했다. 적산 법화원은 이들 재당 신라인의 정신적 구심점이었다.

엔닌은 장보고의 도움을 받아 839년 6월 7일부터 840년 2월 19일까지 약 8개월간 적산 법화원에 머물렀는데, 이때 경험한 사실을 《입당구법순례행기》에 기록했다. 특히 적산 법화원의 8월 15일 명절에 대해 다음과 같이 기록했다.[74]

적산 법화원에서는 8월 15일 명절에 박돈餺飩과 병식餠食 등의 음식을 제단에 진설한다. 이 명절은 다른 나라에는 아직 없으며 오직 신라에만 있다. 노승들의 말에 의하면 "신라가 예전에 발해와 전쟁을 했는데 승리한 날로 명절을 삼았다. 이날 곡을 연주하고 춤을 추며 즐기는데 오랫동안 계승하여 끊이지 않았다"라고 한다. 아주 많은 종류의 음식을 진설하고 노래를 부르고 춤을 추고 관악기와 현악기를 연주하며 잔치를 하는데 밤낮으로 계속돼 3일이 지나서야 끝이 난다. 지금 적산 법화원에서는 고국을 그리워해 이날을 명절로 삼았다. 발해는 신라에 토벌되어 겨우 1천 명이 북쪽으로 도망쳐 갔다가 이후 다시 돌아와 옛날 그대로 나라를 세웠다. 지금 발해라고 부르는 나라가 그 나라다.

위의 내용으로 보아 적산 법화원에서는 8월 15일 명절에 음식을 진설하고 사흘 동안 의례를 거행했음을 알 수 있다. 위의 기록만으로는 3일간 진행된 의례가 어떤 형태인지 알 수 없지만, 사원에서 거행되었다는 측면에서 볼 때 팔관회와 유사한 형태가 아니었을까한다. 위의 기록은 짧지만, 적산 법화원 8월 15일 명절에 대해 많은 정보를 제공한다.

∘ 박돈과 병식 등 많은 종류의 음식을 마련해 제단에 진설했다.

∘ 이 명절은 다른 나라에는 없고 신라에만 있다.

∘ 이 명절은 신라가 발해를 이긴 것을 기념하는 날이다.

∘ 적산 법화원의 명절은 신라의 명절을 계승한 것이다.

∘ 신라에서는 명절 때 곡을 연주하고 춤을 추고 노래를 부르는데 적산 법화원도 이처럼 했다.

∘ 관악기와 현악기를 연주하고 노래를 불렀다는 것으로 보아 전문 예인의 공연이 있었음을 알 수 있다.

∘ 공연은 밤낮으로 3일간 지속됐다.

∘ 많은 사람이 참여했다.

∘ 신라에서 8월 15일을 즐기는 습속은 오랜 역사가 있다.

일반적으로 세시 명절은 다음과 같은 요건을 갖추어야 한다. 첫째, 정해진 날짜에 주기적으로 행해지는 순환성이 있어야 한다. 둘째, 명절 음식이 있어야 한다. 셋째, 특별한 민속 활동이 있어야 한다. 넷째, 구성원 대부분이 참여해야 한다.

적산 법화원의 8월 15일 명절은 매년 특정한 날짜에 거행되고, 박돈과 병식이라는 특별한 명절 음식이 있으며, 명절을 기념하기 위한 특별한 활동이 3일간 진행되고 많은 사람이 참여했다. 따라서 법화원의 8월 15일 명절은 이미 세시 명절로서의 특징을 가지고 있었음을 알 수 있다.

엔닌은 8월 15일 명절은 다른 나라에는 없는 신라만의 명절이라고 했다. 엔닌이 확신한 이유는 직접 당나라 각지를 여행했으나

8월 15일에 명절을 쇠는 것을 보지 못했기 때문이다. 엔닌이 일본 승려라는 점을 감안한다면 일본에도 추석이 없었음을 알 수 있다. 엔닌의 기록에는 당나라 세시 명절 중 중추절에 대한 기록이 없다. 《입당구법순례행기》에는 입춘, 상원, 한식, 청명, 단오, 입하, 입추, 입동, 동지, 제석, 연일年日과 같은 당나라 명절과 절기를 자세히 기록했는데, 이 중 중추절은 없다.

법화원의 노승들에 의하면, 8월 15일 명절은 신라 풍속을 계승한 것이라고 한다. 신라에서는 8월 15일 명절을 '가배嘉俳'라고 했다. 신라 가배에 대한 최초의 기록은 《삼국사기》에 보인다.

> 왕이 육부를 모두 정한 이후 왕녀 두 사람에게 육부의 여자를 둘로 나누어 거느리고 7월 16일부터 매일 아침부터 밤 10시까지 길쌈 짜기 시합을 하여 8월 15일 승패를 가렸다. 이때 진 편에서 술과 음식을 준비하여 승자를 대접했고 온갖 놀이를 즐겼는데 이를 가배라 한다. 이때 부른 노래를 회소곡會蘇曲이라 한다.[75]

가배는 오늘날 한가위라는 뜻의 가위에 해당하는 것으로, 당시 한자의 음차 표기로 발음은 ㄱᄫㅣ로 추정되며,[76] 중中 또는 반半의 어근 '갑'에 명사형 접미사 '-이'가 붙은 것[77]으로 그 뜻은 가을의 반, 즉 중추의 우리말 표기다.[78]

중국 고문헌에는 신라의 추석 명절에 대한 기록이 있다. 《수서》에서는 "8월 15일에 잔치를 하고, 관리에게 활쏘기를 하게 하는데, 상으로 말과 포布를 준다"[79]라고 했다. 《북사》에도 유사한 기록이 있다. 《구당서》에서는 "잔치를 하고 관리들은 궁궐에서 활쏘기 시합을 했으며 부인들은 머리를 틀어 올리고 비단과 구슬로 장식했다"[80] 라고 한다.

가배와 관련이 있는 길쌈 짜기 시합을 왕녀가 주도하고 관리들이 궁궐에서 활쏘기 시합을 했다는 것으로 보아 가배는 이미 신라의 국가급 명절이었음을 알 수 있다. 적산 법화원의 재당 신라인들은 신라의 가배를 계승해 8월 15일 명절을 즐겼다.

법화원에서는 추석에 박돈과 병식 등을 진설했다고 한다. 한국 학자들은 박돈을 수제비로 번역한다. 중국 학자들은 박돈을 《제민요술齊民要術》의 박탁餺飥과 같은 음식으로 보고 현재의 몐피面皮, 반죽을 3~4㎝ 정도의 사방형으로 민 납작한 수제비류와 같은 음식이라고 하였다. 그러나 엔닌은 박탁餺飥이 아니라 박돈餺飩이라고 기록했다.

양국 학자들은 박돈을 수제비류라고 했는데, 다만 두께에 있어 차이가 날 뿐이다. 그러나 박돈은 수제비류가 아니다. 만약 박돈이 수제비였다면 엔닌은 박돈을 따로 표기하지 않았을 것이다. 고대 중국에서 병餠은 곡물가루를 반죽해 찌고, 굽고, 튀기고, 끓인 음식을 총칭하므로, 수제비는 병의 일종이다. 따라서 박돈은 중국에는 없는 신라의 특별한 추석 음식이었을 것이다.

그렇다면 박돈은 어떤 음식이었을까? 박餺은 박탁과 같은 얇게 편 사방형의 밀가루 피, 돈飩은 얇은 피로 소를 감싸 만든 음식을 말한다. 현재 중국에는 훈툰餛飩이란 음식이 있는데, 얇은 피로 고기와 채소로 만든 소를 감싸 만든 음식이다. 우리 만두와 유사한 형태인데, 피가 매우 얇아 부들부들하여 목 넘김이 좋다. 아마도 박돈은 훈

중국의 훈툰 훈툰은 재료에 있어 송편과 차이가 있지만 모양은 유사하다.

툰과 유사한 모양이었을 것으로 보인다.

　남북조와 수나라 시기를 살았던 안지추는 《안씨가훈》에서 "지금의 훈툰은 달이 일그러진 모양이며 세상 사람들이 보편적으로 먹는다"[81]라고 했다. 송편 또한 반달의 모습을 흉내 낸 것이라는 설이 있다. 훈툰의 모양은 송편과 유사하며, 안에 소를 넣고 피로 감싼다는 점에서도 일치한다. 다만 송편은 콩이나 팥 같은 곡물로 소를 만들고 쌀가루로 피를 만든다는 점에서 차이가 난다. 엔닌이 박돈이라 한 이유는 박탁과 마찬가지로 얇은 피로 만들지만, 모양이 훈툰과 같았기 때문으로 보인다. 박돈은 이후 어떠한 문헌에서도 발견되지 않는다. 박돈은 현재 한국에서 추석에 먹는 송편의 원형일 가능성이 있다.

8월 15일 법화원에서는 관악기와 현악기를 연주하며 노래를 부르고 춤을 추었다. 신라에서도 8월 15일 명절에 궁궐에서 잔치했으며,[82] 가무와 백희도 공연했다.[83] 공연이 3일 밤낮 이루어졌다고 하는데 이 중에는 전문 예인에 의한 공연도 있었을 것으로 보인다.

문헌 기록에 의하면 신라는 춤, 노래, 관악기, 현악기를 다양한 방식으로 조합해 공연했다고 한다. 애장왕 시기 기록을 보면 사내금을 공연할 때 춤을 추는 이는 푸른색 옷을 입고, 가야금을 연주하는 이는 붉은색 옷을 입고, 피리를 부는 이는 채색옷에 금을 새겨 넣은 띠를 매고 수놓은 부채를 들었다고 한다. 대금무를 공연할 때는 춤을 추는 이는 붉은색 옷을 입고, 가야금을 연주하는 이는 푸른색 옷을 입었다고 하니 사내무를 공연할 때와 의상이 달라졌다. 따라서 신라 악공의 의상은 공연에 따라 달라지며 매우 화려했음을 알 수 있다.

공연 상황은 신라 시대 출토된 다양한 토우에서 대체적인 모습을 엿볼 수 있다. 두 손을 마주 잡고 고개를 약간 젖히고 목청껏 노래를 부르고 있는 토우, 삼각형 모자를 쓰고 악기를 연주하며 노래를 부르고 있는 토우, 팔을 양쪽으로 벌리고 춤을 추는 토우도 있다. 또 학 탈을 쓰고 춤을 추는 토우, 한 사람은 노래를 부르고 두 사람은 춤을 추는 토우, 노래를 부르며 춤을 추는 토우가 있다.

아마도 적산 법화원의 8월 15일 명절에 3일 동안 이루어진 공

1 노래를 부르는 토우
2 춤을 추는 토우
3 악기를 연주하는 토우
국립중앙박물관, 국립경주박물관

연은 이 토우의 모습과 별반 다르지 않았을 것이다. 적산 법화원의

8월 15일 명절은 노승들 말처럼 신라의 가배를 계승한 것이다.

3
북송 시대 시작된 중추절

중국의 3대 명절은 춘절, 단오, 중추절이라고 한다. 이 중 가장 큰 명절은 춘절이고, 단오는 북방보다는 남방에서 중요한 명절이다. 이에 비해 중추절은 중요한 명절이 아니다. 필자는 1990년대 중후반 허베이성河北省 스자좡시石家庄市 일대에서 중추절을 조사한 적이 있다. 당시 농민 가정을 방문했는데, 달이 뜰 무렵 제단에 월병과 시절 음식을 올려놓고 절을 했다. 행사는 이렇게 간단히 끝났다. 도시에서는 월병을 먹는 것 외에 중추절 관련 특별한 행사를 볼 수 없었다.

중추절은 중국에서 가장 늦게 형성된 명절이다. 중국은 한나라와 위나라 시기에 민속 명절의 체계가 형성됐는데, 중추절은 전혀 흔적이 보이지 않는다. 중추절의 성립 시기에는 두 가지 설이 있다. 하나는 송나라고, 다른 하나는 당나라다. 중추절이 당나라 때 형성됐다고 보는 학자로는 장쩌셴張澤咸, 리빈청李斌城, 우위구이吳玉貴, 양린楊琳이 있다.[84]

중국 학자 대부분은 북송 때 중추절이 정식 명절이 됐다고 한다.[85] 당나라 때 명절로 지정되지 않았다고 보는 이유는 다음과 같다.

첫째, 당나라 조정에서 규정한 휴가를 주는 명절에 중추절이 없다. 당나라 때 한식, 단오, 상사上巳, 중양은 휴식하는 명절이지만 중추는 아니다. 송나라에 이르러 관에서는 중추에 하루 쉬도록 했다.

둘째, 당나라 문헌에 중추절에 대한 기록이 없다.

셋째, 당나라 시기 중추 때 주요 활동은 상층 계급의 달을 감상하는 활동으로 아직 전체 사회에 파급되지 않았다.

북송에 이르러 중추는 명절이 된다. 북송 태종 시기에 8월 15일은 중추절이라는 기록이 있다.[86] 중추절이 명절로 지정된 것은 영종 시기인 1203년 〈경원조법사류慶元條法事類〉의 반포를 통해서다.[87] 또 다른 문헌에서는 "창합문 밖 큰길에 장수미라는 사람 가게가 있는데 중추에 완월갱玩月羹을 팔았다"[88]라고 한다. '완월'은 달을 즐긴다는 뜻이고, '갱'은 곡물로 만든 죽 같은 묽은 음식을 말한다. 완월갱은 현재 중추절에 먹는 월병과는 다른 음식이다.

월병은 남송 시기 《무림구사》[89]와 《몽양록》[90]에 등장하지만, 이 기록에 의하면 시장에서 언제나 살 수 있는 음식 중 하나로, 중추절에 먹는 특별 음식은 아니었다. 따라서 월병은 송나라 시기 중추절 음식이라 볼 수 없다.

북송 시기 《동경몽화록》[91]에는 카이펑開封의 중추절에 대한 기록이 있다.

중추절 전에 상점들은 새로 문을 여는 것처럼 비단 천을 새로 달고, 술을 새로 빚어 파는데, 사람들은 낮부터 술을 마셔 이미 취한다. 이때는 게가 출하되고 새로 계절 과일이 나오는 시절로 가게는 과일로 가득 찬다. 사람들은 밤새도록 떠들썩하게 즐기고 달구경을 했다.

비록 송나라 때 중추는 흥겨운 날이었으나 구체적인 명절 행사가 없고 절식도 형성되지 않았다. 따라서 이때 중추는 명절로 확고한 자리를 잡지 못했음을 알 수 있다.

명나라에 이르러 중추절은 친척들이 모여 단합하는 중요한 명절이 된다. 중국에서는 중추절을 단원절團員節이라고 하는데, 이러한 개념은 명나라 때 시작됐다. 기록에서는 8월 15일을 중추라 하며, 민간에서는 월병을 서로 보내는데 '한자리에 모인다'라는 의미라고 한다.[92] 또 다른 기록에 의하면 중추절 이전에 친정에 갔던 부녀자는 시댁으로 돌아가 반드시 시댁 식구와 함께해야 하는데 그 이유는 단원절이기 때문이라고 했다.[93]

명나라에 이르면 월병은 중추절의 특별한 명절 음식이 된다. 《완서잡기》에서는 "선비와 서민 가정에서는 이달에 밀가루로 떡을 만들어 서로 선물한다. 이 떡은 크기가 서로 다른데 월병이라 한다"[94]라고 했다. 또 다른 기록에서는 "8월 15일을 중추라고 한다. 민간에서는 월병을 서로 선물하는데 단합한다는 의미다"[95]라고 했다.

청나라에 이르면 중추절에 월병을 만들어 선물할 뿐만 아니라 제사에 올리기도 한다.

청나라 때는 선물하는 월병 외에 달에 제사하기 위한 월병을 제작

했다. 특별히 제작한 월병은 제사를 지낸 후 가족들이 나눠 먹었는데 단원병團圓餅이라 했다.[96]

중국에서 중추절에 월병을 먹는 이유에 대해서는 여러 가지 설이 있다. 그중 가장 광범위하게 퍼져 있는 것은 살달자殺韃子 전설이다. 달자韃子는 달단韃靼에서 나온 말로 달단은 북방 유목 민족의 한 갈래다. 송, 원, 명 시기 몽골족을 달단이라고 불렀다. 현대 중국인들은 몽골족과 만주족을 달자라고 부른다. 중국 민간에서 중추절에 월병을 만드는 것은 몽골 통치에 항거한 역사와 관련이 있다.

원나라 통치자는 잔혹한 통치를 했다. 당시 열 집에서 칼 하나를 사용하게 하고, 사람을 파견하여 감시해 사람들이 반란을 일으키는 것을 막았다. 사람들의 고통은 극에 달해 중추절을 이용해 반란을 일으키기로 했다. 사람들은 암호를 종이에 써서 월병 안에 넣어 서로 전했다. 8월 15일 저녁 폭죽이 터지자 모든 사람이 함께 봉기해 원나라 통치자를 살해했다. 이후 얼마 지나지 않아 주원장이 이끄는 명나라 군대가 원나라를 물리쳤다.[97]

명나라에 이르면 월병이 중추절 음식으로 자리 잡았을 뿐만 아니라 토끼에 대한 제사도 성행하기 시작했다. 베이징의 중추절에는 진흙으로 토끼 모양을 만든다. 토끼는 의관을 갖추고 앉아 있는데 마치 사람과 같다. 아이들과 여자들이 토끼에 제사했다[98]고 한다.

토끼를 제사한 이유는 토끼가 전염병을 고쳐 주었기 때문이다.

중국에는 '달에 있는 흰 토끼가 약을 찧어 사람에게 복을 준다'[99]라는 전설이 있다. "흰 토끼는 산 정상에서 신비한 약초를 찧어 하마환蛤蟆丸을 만들어 큰 접시에 담아 황제에게 바친다"[100]라고 한다. 하마환은 먹으면 불로장생하고 신선이 되는 약이다.

전설에 의하면 당시 베이징에 심각한 전염병이 돌았는데, 항아가 옥토끼를 파견해 병을 고쳐 주었다고 한다. 옥토끼는 도착하는 곳마다 다른 모습으로 등장해 사람들을 도왔고 전염병을 고친 후에 월궁으로 돌아갔다. 사람들은 옥토끼에 감사하고자 토끼 할아버지兔兒爺를 만들어 제사하기 시작했다. 옥토끼가 약을 찧는다는 전설은 한나라 때 등장했으며, 명나라에 이르러 사람들은 토끼가 전염병을 퇴치해 준다는 신념을 갖게 됐다.

청나라 시기 베이징에서는 토끼 할아버지를 제사하는 습속이 더욱 성행했다.

매번 중추가 되면 시장 사람 중에 재주가 있는 사람들은 황토를 주물러 토끼蟾兔 형상을 만들어 파는데 토끼 할아버지라 한다. 어떤 것은 의관을 갖추고 우산을 쓰고 있으며, 어떤 것을 갑옷을 입고 큰 깃발을 꽂고 있으며, 어떤 것은 호랑이를 타고 있고, 어떤 것은 묵묵히 앉아 있다. 큰 것은 1미터 정도 하고 작은 것은 30센티미터 정도 한다.[101]

토끼는 다양한 색으로 칠을 하고 금과 은으로 치장했는데 아이들이 좋아했다.

청나라에 이르면 토끼에 대한 제사는 여자가 제외되고 아이들의 전유물이 된다. 청나라 때 시인 장조용張朝墉은 중추절 제사 모습을 "철모르는 어린아이들이 향을 피우고 빙 둘러서서 토끼신에게 제사한다"[102]라고 묘사했다.《점석재화보》에는 청나라 시기 보름달이 뜬 밤에 토끼신을 제단 가장 높은 곳에 모셔놓고 아이들이 제사 지내는 모습이 그려져 있다. 아이들은 손에 토끼를 들고 있고, 한 아이는 절을 하려는 듯 제단 앞에 서 있다. 성인 여성들은 절을 하는 아이 뒤쪽에 서 있고, 성인 남성들은 아예 멀리 떨어져 있다.

목판화인 〈계서승평〉에는 아이들이 토끼 할아버지에게 제사를 지내는 모습이 그려져 있다. 가장 어린아이가 절을 하고 조금 큰 아이는 악기를 치거나 절을 하는 것을 도와준다. 토끼 할아버지는 제단 위에 모셔져 있는데 붉은 귀에 붉은 입술을 하고 관복을 입고 있다. 토끼 할아버지 앞에는 커다란 월병이 쌓여 있고 꼭대기에는 복숭아가 올려져 있다. 복숭아를 토끼 할아버지에게 바친 이유는 아이들이 병에 걸리지 않고 건강하게 자랄 수 있도록 도와달라는 의미다. 중국에서 복숭아는 장수를 의미한다.

중추절 습속 중 가장 중요한 것은 달에 대한 제사다. 달이 떠오르기를 기다려 향을 피우고 '태양성주, 태음성주 월광보살月光菩薩'이 드시기를 기원한다. 베이징을 비롯한 북방에서는 달이 떠오를 때 월광신마月光神碼를 달이 떠오르는 방향으로 붙이고 제사상에 계절 과일을 올린다. 남방에서는 달을 제사할 때 토란을 올리는데 원나라 말 농민혁명을 기념하는 것이라고 한다. 처음에는 몽골 통치자의 머리를 제단에 바치고 달에 제사했으나 후에 토란으로 대체했다고 한

청나라 말 중추절에 토끼신에 제사하는 모습《점석재화보》〈사토성풍〉 중에서

어린아이가 **토끼 할아버지에게 제사 지내는 모습** 청나라 시기 양유청이 제작한 목판화 〈계서승평〉, 중국국가박물관 소장

다. 붉게 조린 토란은 달자의 땅에 떨어진 머리를 상징한다.

중추절은 문화대혁명 시기에 봉건 미신이라 비판받았고, 1978년 개혁 개방 이후에는 공휴일에서 제외되면서 더욱 축소됐다. 현재 중국에서 중추절은 월병을 선물하는 날 정도의 의미가 있다. 중추절이 되면 상점들은 화려하게 포장한 월병을 판매하고, 사람들은 서로에게 선물한다.

4
서로 다른 달月

중추절의 신라 기원설을 처음 제기한 것은 1996년 슝페이의 논문이다. 그러나 당시에는 그다지 큰 반향이 없었다. 중추절의 신라 기원설에 대한 논쟁이 뜨거워진 것은 2000년대 중후반이다. 중국 학자들은 필자에게 한국의 추석 연구자를 소개해 달라고 부탁하기도 했다. 당시 한국 학계는 이러한 상황을 전혀 인지하지 못했기 때문에 중추절의 기원을 둘러싼 한중 간 논쟁은 없었다.

적산 법화원이 나당 교류의 핵심이었다는 점에서 중추절이 신라의 영향을 받았을 가능성을 전혀 배제할 수는 없다. 그러나 이러한 주장이 성립하려면 먼저 해결해야 할 문제들이 있다.

무엇보다 중추절과 추석은 명절의 목적과 구체적인 내용이 다르다. 추석은 햇곡식으로 송편을 만들어 조상에게 차례를 지내는 것이 가장 중요한 행사다. 남부 지방에서는 조상에게 새로 수확한 벼를 바치기도 한다. 강강술래, 소먹이놀이, 소싸움, 닭싸움, 거북놀이 등 다양한 풍년 축하 놀이도 거행한다. 한국의 추석은 풍년 의례적 성격이 강하며, 달을 감상하는 것은 부가적인 행사라 할 수 있다.

이에 반해 중국 중추절의 핵심은 달에 대한 제사다. 달이 뜰 무렵 제단을 차리고 진흙 토끼를 만들어 제상에 올리고 아이들이 제사한다. 앞에서 살펴본 바와 같이 아이들이 토끼신에게 제사하는 이유는 병에 걸리지 않고 건강하기를 기원하기 위해서다. 이러한 요소는 한국 추석에서 전혀 나타나지 않는다. 명절 음식도 한국은 송편이고, 중추절은 월병으로 뚜렷한 차이가 있다. 따라서 현재로서는 추석과 중추절이 발생과 내용, 목적에 있어 본질적인 차이가 있으므로 중추절은 신라에서 기원했다고 보기 어렵다.

그리고 중추절의 성립 시기도 적산 법화원의 8월 15일 명절이 중추절 형성에 직접적인 영향을 주었다고 보기 어렵다. 엔닌은 839년에 8월 15일 명절에 관해 기록했는데, 중국에서 중추절이 공휴일로 지정된 것은 그로부터 364년 후의 일로, 1203년 〈경원조법사류〉를 반포하면서 명절에 포함된다. 그러나 송나라 시기 중추절은 그저 술을 먹으며 즐기고 달을 감상할 뿐으로 정식 명절로 확고하게 자리 잡지 못했다. 특별한 활동과 절식이 없는 상태로, 정식 명절로 보기 어렵다. 중추절에 특별한 활동과 명절 음식이 등장한 것은 명나라에 이르러서다. 따라서 적산 법화원의 8월 15일 명절이 중추절의 형성에 직접적인 영향을 주었다고 보기 어렵다.

아직도 중국에서 '중추절의 신라 기원설'을 언급하는 것은 위험한 일이다. 중국 네티즌들은 한국 만화 〈슈퍼윙스〉의 방영 금지를 요청했다. 그 이유는 이 만화가 중추절이 한국에서 기원했으며, 중추절에 월병이 아닌 송편을 먹는다는 잘못된 인식을 줄 수 있다는 것이다. 결국 〈슈퍼윙스〉는 유쿠優酷, 비리비리哔哩哔哩를 포함해 중국 주요 동영상 사이트에서 자취를 감췄다.[103]

　이처럼 중국 네티즌이 긴장의 끈을 놓지 않는 이유는 추석이 동아시아 여러 나라 중 한국에서 가장 먼저 시작된 명절이기 때문이다. 한국은 신라 시기에 이미 추석이 있었으며, 중국은 북송 시기에 중추절이 등장한다. 따라서 만약 중국에서 말하는 것처럼 문화 발명권이라는 개념이 존재한다면 추석은 한국이 발명한 것이라 할 수 있다.

5

치우의 후손,
한국인은 중화민족?

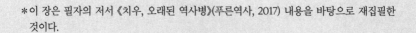

*이 장은 필자의 저서 《치우, 오래된 역사병》(푸른역사, 2017) 내용을 바탕으로 재집필한 것이다.

1
타이완에서 온 편지

혼잡한 인파를 헤치고 안내인을 따라 체육관으로 들어섰을 때 체육관은 이미 사람들로 가득 차 있었다. 3,600명의 사람들은 숨소리조차 내지 않고 무거운 침묵을 지키고 있었다. 이곳은 타이완 타오위안桃園에 위치한 린커우林口 체육관. 2013년 1월 1일을 맞아 〈중화민족 연합 제조 대전中華民族聯合祭祖大典〉을 거행하려 하고 있다. 이것은 말 그대로 '중화민족이 연합해 중화민족의 여러 조상에게 제사 지내는 큰 의례'라는 의미다.

몇 달 전 나는 타이완 유심성교唯心聖教의 린준웨이林俊偉 선생으로부터 한 통의 메일을 받았다. 유심성교에서 한국의 치우학회 회원들을 자신들의 제전에 초청하고 싶으며, 직접 찾아와 치우학회 관련자를 만나 상의하고 싶다는 내용이었다. 나는 당시 이들의 정확한 의도를 알지 못했으며, 유심성교에서 원한다면 한국 치우학회와 연결해 주겠다고 했다. 치우학회에 연락하니 유심성교 쪽과 만날 의사가 있다고 했다. 이에 린준웨이 선생 일행이 한국을 방문했고, 나는 치우학회 회장과 만남을 주선했다.

린준웨이 선생은 이렇게 말했다.

"한국인은 치우의 후손이라고 들었다. 2013년 1월 1일 제전에서 치우를 비롯한 한국의 역대 제왕을 제사하니 치우학회가 한국 대표로 참석했으면 좋겠다."

나는 치우학회 회원들에게 타이완에서 한국 왕들을 제사한다는 것이 뭔가 다른 의도가 있는 것 같은데 참석할 의사가 있는지 상의해서 알려 달라고 했다. 치우학회에서는 참석해 상황을 살펴보고 싶다는 의견을 전해 왔다. 이에 필자는 치우학회 회원 다섯 명과 함께 제전을 관람하고자 린커우 체육관을 찾았다.

유심성교는 훈위안 선사混元 禪師가 1988년 개창했으며 귀곡자鬼谷子를 신으로 모신다. 훈위안 선사는 원래 사업을 하다가 30여 년 전 큰 병이 들어 병원을 찾았으나 고치지 못했는데, 자포자기한 상태에서 관음보살에게 기도해 병이 나았다고 한다. 이후 귀곡자가 나타나 자신을 신으로 모시라고 했으며, 훈위안 선사는 귀곡자로부터 중요한 계시를 받고 있다고 한다.

귀곡자는 기원전 4세기경 전국 시대를 살았던 정치가로 제자백가 중 종횡가縱橫家에 속하는 사상가라고 하는데, 실존 여부에 대해서는 논란이 있다. 그는 귀곡鬼谷에서 은거했기 때문에 귀곡자 또는 귀곡선생鬼谷先生이라 불렸다. 그가 쓴 《귀곡자》는 일종의 처세술에 관한 책으로, 중국 최초의 심리학 전문 서적이라 할 수 있다.

훈위안 선사를 직접 만났는데 60세가 넘어 보였으며 자그마한 키에 남방계 얼굴로 평범한 외모였다. 시골 동네에서 쉽게 볼 수 있는 할아버지 모습이었으며, 권위를 내세우지 않는 다정다감한 분이었다. 그저 평범하게만 보이는 훈위안 선사가 지금과 같은 규모로 유심성교를 키울 수 있었던 이유는 무엇일까?

필자의 타이완 일정을 도와주었던 훈위안 선사의 제자들에 의하면, 훈위안 선사에게는 놀라운 능력이 있다고 한다. 제자 중 한 사람은 훈위안 선사가 암으로 죽어 가는 사람을 고치는 것을 직접 보았다고 한다. 그뿐만 아니라 훈위안 선사는 천수이볜陳水扁이 타이완 총통이 되는 것을 예언했고, 그가 총통이 되도록 여러 가지 도법을 발휘했다고 한다. 훈위안 선사는 천수이볜이 총통이 된 후 '총통의 스승'이 되어 유명해지기 시작했다. 실제 그에 대한 소개를 보면 '중화민국 총통부 고문'이라고 되어 있다. 2003년 린커우 체육관에서 거행된 제전에는 천수이볜이 직접 참석해 훈위안 선사와 함께 세계 평화를 위한 타종을 하기도 했다.

방문 중에 유심성교의 종교 중심지인 윈멍산雲夢山 팔괘성八卦城을 방문했다. 팔괘성은 2004년 완성됐는데 총면적이 70만 제곱미터, 즉 21만 평으로 어마어마한 규모를 자랑한다. 입구에 세워진 남천문南天門은 길이가 56미터, 높이가 48미터로 규모가 엄청나다. 남천문 옆에는 천심지天心池라는 연못이 있는데, 일본 후지산이 폭발하지 않도록 후지산 모양으로 거꾸로 파서 만들었으며 후지산의 물을 가져와 담았다고 한다. 자신들은 단지 귀곡자를 모시는 종교 집단이 아니며 진정한 목표는 세계 평화를 구현하는 것이라는 뜻을 이 연못을 통해 표현했다고 한다. 남천문을 지나 계단을 오르면 왕선노조전王禪老祖殿이 있는데 귀곡자를 모시는 사당이다. 그 외에도 귀곡자

팔괘성 정문의 남천문 필자 촬영

환자를 치료하는 훈위안 선사 선불사 안내판
사진. 필자 촬영

**2003년 제전에서 천수이벤 총통과 타종하는
훈위안 선사** 선불사 안내판 사진. 필자 촬영

기념당, 역경대학易經大學, 귀곡자 학술 연구회 건물이 있다. 역경대학은 주역을 중심으로 한 훈위안 선사의 강의 내용을 정리하고 있으며 정식 대학으로 인가를 준비 중이라고 했다.

유심성교는 도교를 중심으로 무속과 불교의 다양한 요소를 수용한 형태의 종교다. 최근에는 세계 평화의 실현이라는 새로운 가치를 내세우며, 황제, 염제, 치우를 비롯한 중국의 역대 제왕을 제사하며 민족주의적 성격도 강화하고 있다. 이처럼 유심성교에서 자신들의 종교적 목적을 중화민족, 더 나아가 세계로 확장한 이유는 당연히 본토 중국인과 세계인을 대상으로 교세를 확장하기 위해서다.

2

치우 제사에 참가하다

린커우 체육관에 도착한 것은 오전 10시 30분이었다. 이날 체육관에 모인 사람들은 모두 유심성교에서 운영하는 역경대학 학생과 가족이라고 하는데, 사실 유심성교 신도라 하는 것이 더 정확하다. 제단 뒤쪽에도 사람들이 앉아 있었는데 이들은 대형 스크린을 통해 중계되는 내용을 시청했다. 타이완의 토착민 복장을 한 이들은 나중에 공연에도 참석했다.

체육관 한쪽에는 제단을 설치했다. 제단의 가장 아래쪽은 무대로 각종 공연을 하거나 제사를 거행했다. 제단 2층에는 훈위안 선사가 의례를 주관할 수 있도록 탁자와 제단을 설치했다. 그 뒤쪽으로는 제사의 대상이 되는 조상신들의 위패를 인쇄한 대형 간판이 세워져 있었다. 대형 간판에 등장하는 조상신은 한국, 중국, 일본 세 부류로 구분된다. 중앙 간판은 가장 규모가 큰데, 중국의 황제, 염제, 치우와 역대 제왕, 중화민족 1만 5,615개 성씨 조상신들의 위패를 모셨다. 오른쪽 간판에는 일본의 역대 제왕 위패를 모셨고, 왼쪽에

린커우 체육관에서 거행된 제전 모습

제단을 내려오는 훈위안 선사와 제관들

세계 각국의 화인 대표와 기념사진을 찍는 훈위안 선사

치우의 후손 자격으로 참석한 먀오족 대표단

기도를 올리고 있는 각 지역 중화민족 대표

는 한국의 역대 제왕 위패를 모셨다. 전체적인 형상은 중국이 가운데에서 한국과 일본을 거느리고 있는 모습이다.

오전에는 공연 예행연습을 했고, 정식 행사는 오후 1시가 되어서야 시작됐다. 2013년 제전은 8번째 순서로, 중국인의 조상신을 모셔 와 중화민족이 꽃과 음식, 공연으로 공양해 즐겁게 한 후에 극락 세계로 돌려보내는 내용으로 구성되어 있었다. 제의 내용은 일반적으로 볼 수 있는 제의와 별다른 차이점이 없어 보였다. 다만 중화민족의 모든 황제와 각 성씨의 조상을 포괄하고, 한국과 일본의 역대 제왕까지 포함했다는 것이 매우 독특한 점이라 할 수 있다.

제전이 시작되자 사회자는 제전을 거행하는 의미를 설명했다.

"중화민족은 5천 년 동안 크고 작은 전쟁을 3,762차례 겪었다. 이는 중화민족 자녀들의 비극이다. 전쟁으로 죽은 조상들의 원혼을 위로하고 세계 평화를 기원하기 위해 의례를 거행한다."

사회자의 말이 끝나자 〈중화민족은 용의 후손〉이라는 노래에 맞춰 거대한 용춤 공연이 거행됐다. 다시 사회자는 마이크를 들고 의례를 거행하게 된 이유를 설명했다.

"유심성교의 교주 훈위안 선사는 하늘의 법에 따라 민족을 대융합하라는 천명을 받고 2004년 1월 1일 중화민족 연합 제조 대전을 거행하기 시작했다. 중화민족 1만 5,615개 성씨의 조상신, 중화민족의 917명의 제왕, 진나라 때 서복이 일본으로 간 후 일본 124명의 천황, 치우의 후손이 북쪽으로 이동한 후 시작된 한국의 환웅을 비롯한 195명 제왕의 영혼을 린커우 체육관으로 모셔 술과 음식, 춤으로 공양하고자 합니다."

이후 훈위안 선사와 제관들이 입장했다. 이들이 입장할 때 합창단은 '음양인 해와 달은 가장 오랫동안 불멸하지만 안타깝게도 하늘의 이치를 분명히 밝히지 못한다. 만약 진정한 성인인 귀곡자가 나타난다면 천하를 태평하게 할 것이다'라는 내용의 노래를 반복해서 불렀다.

훈위안 선사는 입장한 후 조상신을 모셔 오는 의례를 거행했다. 합창단은 조상신이 제장으로 내려오기를 기원하는 노래를 불렀다.

"중화민족은 7천 년 동안 많은 자손이 번성했다. 위대한 조상들과 역대 천자와 제왕을 위해 전 민족이 연합해 제사를 거행합니다. 한마음으로 조상신이 내리기를 바랍니다."

이후 사회자는 복희, 황제, 신농, 치우, 중국의 역대 황제, 여러 성씨의 조상을 차례대로 호명했다. 이름을 부를 때마다 사회자의 지시에 따라 사람들은 고개를 숙여 예를 표했다.

다음으로 조상신들이 공양을 받아들이기를 바라는 진언眞言을 노래로 만들어 불렀다. 훈위안 선사는 절을 세 번 하고 연꽃과 과일을 바쳤다. 그다음 제문을 낭독했다.

음양인 해와 달은 가장 장생하지만, 하늘의 이치를 분명히 밝히지 못한다. 만약 진정한 성인인 귀곡자가 나타난다면 천하는 태평하게 될 것이다.

대자대비한 왕선노조, 남극의 옥황상제, 서방 극락세계의 아미타불, 어려움을 도와주는 관세음보살, 중화시조 복희씨, 북극의 진무대제眞武大帝, 중화시조 황제, 중화시조 염제, 중화시조 치우, 타이완의 첫 번째 조상, 중화 조상들에게 절을 합니다. 중화민족 연합 제조 대전의 대표인 훈위안 선사가 대중을 이끌고 린커우 체육관에서 공양하고 제사를 거행하니 받아 주시기 바랍니다.

북쪽으로 이동해 한반도로 간 치우의 후손인 195명의 제왕 영혼에게 절을 올립니다. 진나라 시기 일본으로 간 서복의 후손인 124명의 천황에게 절을 합니다. 5천 년 동안 3,762차례 전쟁으로 죽은 중화민족의 영혼에 절을 합니다. 역사 이래 816차례 크고 작은 전쟁으로 죽은 세계 모든 영혼에 절을 합니다. 2013년 1월 1일 제단을 마련하고 음식과 춤으로 공양합니다.

우리는 전쟁의 원인이 무엇인지 알지 못하나 반성해야 한다. 3명의 조상이 줘루涿鹿에서 전쟁해 패한 사람이 적이 됐는데, 역사 기록이 옳은지 그른지 판단하기 어려우며 후손은 조상의 원한을 풀어야 한다. 누가 옳은지 그른지 자손은 질문할 수 없으며 큰 비극이 다시 발생하지 않도록 해야 한다. 중국, 한국, 일본, 타이완은 원한이 있었으나 반성했으며, 같은 마음, 같은 몸, 같은 뜻, 같은 덕으로 자손들이 조상의 영혼 앞에 마음을 다해 제사한다. 과거의 원한과 전쟁은 흐르는 물과 같은 것으로 본성으로 돌아가라. 세계 평화를 위한 대법륜을 돌려라.

언뜻 보면 세계 평화를 위한 종교 단체의 행사 같지만, 실제 내용은 다소 충격적이다. 한국인은 치우의 후손이고 일본인은 서복의 후손이기 때문에 모두 중화민족이라는 것이다.

이후 중화민족을 대표하는 사람이나 단체가 공양했다. 놀랍게도 당시 타이완 부총통 우둔이吳敦義, 전 타이완 부총통 뤼슈롄呂秀蓮, 타이완 사법부 대표 등 정치계 거물이 공양했다. 처음에는 단순히 민간 종교 단체에서 거행하는 종교 행사일 뿐이라고 생각했으나 타이완의 거물급 정치 지도자들이 참석하는 것을 보면서 한국인의 역대 제왕을 제사하는 것은 단순히 종교적인 차원이 아닐 수 있겠다는 생각이 들었다. 이후 세계 화인華人 대표로 일본 서복학회, 중국 먀오족학회苗族學會, 대륙인중국인, 타이완 14개 민족 대표, 미국 화교 대표가 공양했다.

한국 치우학회도 공양에 참석하기를 요구했으나 필자는 그저 참관하러 온 것으로 공양할 의사가 없음을 강력하게 전달했다. 그럼에도 한국 치우학회를 호명했으나 제단에 올라가 공양하지는 않았다. 일본에서 온 서복학회는 몇 년 전부터 이 행사에 참석했다고 하는데 대부분 70~80대 노인들이었다. 이들은 행사 성격을 잘 파악하지 못하고 있는 것으로 보였으며, 유심성교에서 모든 비용을 부담해주니 관광차 방문한 것으로 보였다. 사실 유심성교 입장에서는 일본이나 한국에서 온 사람들이 어떠한 생각을 하든, 어떤 사람이든 상관이 없었다. 그저 중화민족의 후손인 한국인과 일본인이 제의에 참석했다고 선전하는 것이 중요할 뿐이었다.

마지막으로 조상신을 저승으로 돌려보내는 의례를 거행했다. 체육관 뒤쪽을 바라본 상태에서 합장하고 계속해서 나무아미타불을 외우는데 서쪽 극락세계로 조상의 영혼을 보낸다는 의미라고 한다.

다소 충격적이고 황당한 종교 행사는 6시쯤 끝이 났다.

3
한국인은 중화민족?

우리는 타이완에 머무는 동안 극진한 대접을 받았다. 유심성교가 처음 개창한 선불사仙佛寺와 유심성교의 중심지인 팔괘성 그리고 몇 군데 도장道場으로 우리를 안내했다. 제전을 거행한 만찬에서는 한국인을 최고 귀빈으로 대우해 앞쪽에 자리를 마련했다. 유심성교의 여러 도장도 우리에게 소개했는데, 갈 때마다 최고의 음식을 대접하고 선물을 주었다. 호텔도 중국이나 일본에서 온 사람들과는 달리 고급 호텔을 배정했다. 이들은 왜 이토록 한국인을 필요로 하는 것일까?

유심성교에서는 치우 관련 학술 대회를 개최하고, 소책자를 발행하기도 했다. 나에게도 두 권의 소책자를 주었는데, 이 책 내용을 보면 이들이 왜 제전에 한국인이 참여하기를 그토록 원했는지 짐작할 수 있다.

한 권은 훈위안 선사의 지도로 타이완귀곡자학술연구회臺灣鬼谷子學術研究會에서 2012년 11월 발간한 《중화민족 연합 제조 대전의 과거-현재-미래中華民族聯合祭祖大典法儀的過去-現在-未來》이다. 다른 책자는 훈위안 선사가 강의한 내용을 정리한 것으로 타이완귀곡자학술연구회에서 편집해 2008년 출간한 《유심종, 치우 문화 연구唯心宗, 蚩尤文化研究》이다. 이 두 책자는 훈위안 선사가 치우의 요구에 따라 치우에 대한 역사적인 평가를 다시 하고 제전에 치우를 제사하게 된 경위, 중국 허베이성 쥐루현涿鹿縣에 치우 사당을 짓고, 한국의 역대 조상을 제사하게 된 경위를 설명했다.

유심성교에서 처음 제전을 거행한 것은 2004년 1월 1일로, 귀곡자가 훈위안 선사에게 중국의 조상을 제사하라고 명령했기 때문이라고 한다. 이때는 황제만을 제사했으나 이후 치우가 훈위안 선사를 찾아와 제사를 지내 주기를 요구해 2005년부터 치우도 제사하기 시작했다고 한다.

처음 훈위안 선사가 치우를 만난 것은 2004년 윈멍산 팔괘성을 건설할 때라고 한다. 꿈에 키가 크고 수염이 길고 눈썹이 곧게 뻗은 사람이 나타나 자신이 치우라고 했으며, 자신에 대한 역사적인 평가를 제대로 해놓지 않으면 팔괘성을 지을 수 없게 하겠다고 말했다고 한다. 훈위안 선사는 이 일을 귀곡자에게 고하고 답을 구했다. 귀곡자는 "너에게 온 사람은 치우로, 원한이 있어 저승으로 가지 못하니 치우가 원하는 대로 해 주라"라고 했다.

치우는 팔괘성 기공식이 있던 날 다시 나타나 당장 중국 허베이성 쥐루현으로 오라고 했고, 훈위안 선사 일행은 당일 쥐루현으로 향했다. 쥐루현 치우채蚩尤寨에서 큰 말을 타고 있는 치우를 만났는데, 이때 치우는 자기 일을 제대로 평가하지 않으면 7일 안에 세계대전이 일어날 것이라고 했다고 한다. 훈위안 선사는 쥐루현으로부

허베이성 줘루현에 지은 치우사 필자 촬영

치우사 안에 모신 치우상 치우상 뒷배경은 치우사 기공식 때 찍은 사진으로 하늘에 무지개가 떴다고 한다. 필자 촬영

치우사의 한국 역대 제왕 위패 필자 촬영

터 토지를 받기로 합의하고, 건설비는 타이완 상인들이 충당해 치우 사蚩尤祠를 짓기로 했다.

일행은 타이완으로 돌아오는 비행기에서 파키스탄이 핵무기를 사용해 전쟁하려고 했으나 연합국이 조정해 실패했다는 기사를 보았다. 이처럼 전쟁이 무마된 것은 훈위안 선사가 치우사를 짓기로 했기 때문이라고 한다. 2004년 음력 9월 9일 쥐루현 판산진盤山鎭에 치우사를 짓기 시작했으며, 현재는 완공된 상태다.

2008년 귀곡자는 다시 훈위안 선사에게 서복의 후손인 일본의 역대 천황과 치우의 후손인 한국의 역대 제왕도 제사할 것을 요구했다. 훈위안 선사가 한국인이 치우의 후손임을 확신하는 근거는 한국 국기에 팔괘와 태극을 사용하고, 구궁九宮을 참조해 한글을 만들었으며, 공업 신인 치우의 후손이라 타이완이나 중국보다 공업이 발달한 것이라고 한다. 구궁은 고대 중국 천문학자들이 천궁을 아홉 개로 나누고 별의 이동에 따라 방향과 계절에 대한 정보를 얻은 것을 말한다. 훈위안 선사는 비전문가라고 하지만 너무나 황당한 이유를 들어 한국인이 치우의 후손임을 주장했다.

2008년 제전부터는 한국 역대 제왕도 제사했다. 2011년 훈위안 선사는 한국 역대 제왕에 대한 자료를 수집해 193명의 제왕을 선정하고 치우파蚩尤派, 기자조선파, 위만조선파, 중상파로 구분하고 책으로 출판하기도 했다. 따라서 2012년 제전에 치우의 후손인 한국 제왕들도 모셔졌다. 아래는 2012년 제전에 모신 조상 목록이다.

중화민족 시조 복희제조伏羲帝祖

중화민족 인문시조 헌원 황제조黃帝祖

중화민족 의농醫農시조 신농 염제조炎帝祖

중화민족 공업시조 구려 치우제조蚩尤帝祖

중화민족 15,615개 성씨 열조열종列祖列宗 선령先靈

중화민족 917위位 천자제왕 제권령諸眷靈

중화민족 진나라 시기 동쪽으로 건너 간 일본의 124위 천황 제권령

중화민족 한국 치우제조 후예 193위 천자제왕 제권령

2012년 제전을 거행한 후 불가사의한 일이 벌어졌다. 북한의 김일성과 김정일이 훈위안 선사를 찾아와 제사를 받을 수 있는지 물었다는 것이다. 당시 김일성이 이렇게 말했다고 한다.

"북한의 김씨는 치우의 후손으로 중화민족 혈통이다."

김일성 부자가 찾아왔기 때문에 2013년 제전에는 2명을 첨가해 단군부터 김정일에 이르는 195명의 위패를 모시고 제사했다.

훈위안 선사가 허베이성 쥐루현에 2006년 걸립한 치우사에도 195명의 위패가 모셔져 있다.

필자는 한국으로 돌아온 후 유심성교 관계자에게 편지를 썼다. 일부 한국인이 치우의 후손이라고 주장하나 받아들여지지 않고 있다, 유심성교에서도 치우를 이용해 한국인을 중화민족의 일부로 편입하려는 시도를 멈추었으면 좋겠다는 견해를 밝혔다. 이후 유심성교는 더는 한국인을 자신들의 제의에 초대하지 않고 있다.

4
치우는 누구의 조상도 아니다

상나라 시기에 치우라는 말은 존재하지 않았으며, 치蚩 자와 우尤 자가 따로 갑골문에 등장한다. 따라서 이 시기에 치우 집단은 존재하지 않았음을 알 수 있다. 춘추 시기 문헌인《상서》〈여형〉편에 황제皇帝와 전쟁을 한 인물로 치우가 등장한다. 중요한 것은 치우와 전쟁을 한 인물이 '黃帝'가 아니라 '皇帝'라는 것이다. 黃帝는 중국 모든 제왕의 시조로 신화적 인물이다. 皇帝는 진시황이 처음 사용한 용어로 인간계를 다스리는 임금이라는 뜻이다. 따라서 〈여형〉편의 皇帝는 인간계를 다스리는 임금이라는 뜻임을 알 수 있다.

《상서》는 소실과 복간을 반복했기 때문에 내용의 진위에 논란이 있지만, 일반적으로 〈여형〉편은 주나라 시기 상황을 반영한 믿을 만한 기록으로 보고 있다. 이 기록의 皇帝와 치우의 전쟁은 서주 초기 초나라를 정벌한 주나라 왕들과 치우를 중심으로 한 묘민 집단의 대립을 배경으로 형성된 것이다.

춘추 시기 초나라는 북방으로 진출해 중원의 제나라, 진나라와 전쟁을 벌이는데 이것이 문헌상의 기주대전이다. 이러한 사실을 전국 시기 역사가들이 黃帝와 치우의 전쟁으로 묘사했다. 이 시기 중요한 변화는 기존의 '皇帝와 치우의 전쟁'이 '黃帝와 치우의 전쟁'으로 바뀌었다는 것이다. 전국 시기 황제가 황노학파에 의해 추앙되면서 신화 속 인물인 黃帝가 역사적 인물인 皇帝를 대신하게 됐다.

한나라에 이르러 사마천은 기존 사서를 종합해 고대 제왕의 계보를 완성한다. 사마천은 黃帝를 요임금 이전에 배치해 중국 모든 제왕의 시조가 되게 했으며, 치우는 황제와 전쟁을 한 적, 즉 악인으로 형상이 고정된다. 그러나 이 시기 또 하나의 중요한 변화는 치우가 전쟁 신으로 부활한다는 것이다. 전쟁 신으로서의 형상은 이후 한국과 먀오족이 치우를 자신들의 조상으로 수용하는 계기를 마련한다.

1930년대 푸쓰녠傳斯年은 양사오仰韶 문화는 서부 하족夏族이 건립하고 룽산龍山 문화는 동부 이인夷人이 건립했다는 이하동서설夷夏東西說을 주장한다. 이하동서설에 영향을 받은 쉬쉬성徐旭生은 하족은 황하 중류에 거주했고, 치우는 황하 하류 산둥성山東省 지역에 거주한 동이족이라는 설을 새롭게 주장했다. 이후 치우 동이족설은 현재까지 강력한 영향을 미치고 있으며, 한국과 먀오족도 치우 동이족설을 수용하고 있다. 치우 동이족설 숭배자들은 근대까지 치우가 계속해서 묘민 집단에 속했다는 사실은 가볍게 무시했다.

치우가 먀오족의 조상이 된 것은《먀오족간사苗族簡史》를 집필하는 과정에서다. 먀오족은 송나라 이전 기록이 없기 때문에 처음 집필에 참여했던 한족 학자들은 송나라 이전 역사를 남만으로 보충해

진한 시기까지 끌어 올렸다. 1980년대 이후 먀오족 학자들이 참여하면서 남만 이전에 삼묘와 치우를 첨가했다. 《먀오족간사》에 의하면 치우는 산둥성 일대에 거주했는데, 황제와의 전쟁에서 패배하여 창강 중류로 내려와 묘민이 되었다고 한다. 이로써 치우는 현대 먀오족의 조상이 되었다.

1990년대 이후 중국은 중화민족은 모두 염제와 황제의 후손이라며 염제와 황제 붐을 일으켰다. 먀오족은 '우리는 중화민족이기는 하지만 황제의 후손은 아니다. 우리는 치우의 후손이다'라며 반발했다. 그리고 치우도 중화민족의 조상으로 인정해 달라고 중국 정부에 요구했다. 중국 정부는 먀오족의 요구를 수용해 쥐루현에 세우려 했던 황제사당에 염제, 황제, 치우를 함께 모시는 중화삼조당中華三祖堂을 건립했다. 이로써 치우는 중화민족의 조상이 됐다.

한국의 경우 1990년대 말 이후 《규원사화》와 《환단고기》를 근거로 치우를 한국의 조상이라고 주장하고 있다. 유사 역사학자들은 치우가 동이족으로 고대 한국인의 조상이며, 따라서 중원 지역은 고대 한국인의 영토였다고 주장했다.

1990년대 이후 치우는 중국, 먀오족, 한국에 의해 각기 다른 역할을 요구받았다. 중국에서는 중화민족의 조상이 되어 중국을 통합시키는 기능을, 먀오족에서는 고대 영웅이 되어 세계 각국에 분산해 있는 먀오족을 응집하는 기능을, 한국에서는 화려한 고대의 부활을 통한 미래 비전을 제시할 것을 요구받았다.

이처럼 치우가 중국, 먀오족, 한국인의 조상이 동시에 될 수 있었던 이유는 자민족에게 유리한 방향으로 집단 기억을 강화하거나 구조적 망각을 했기 때문이다. 집단 기억은 특정한 사건을 주관적으로 중요하다고 규정하고, 또 특정한 사건에 대해서는 역시 주관적으로 망각한다.

"종족의 발전과 재구성은 구조적 망각과 새로운 집단 기억의 강화를 통해 달성된다. 어떤 조상들은 망각하고 어떤 조상들은 특별히 기억하고 강조하며 또는 다른 사람의 조상을 훔쳐 와 덕을 보려고 하고 심지어 조상을 창조하기도 했다."[104]

문헌 기록으로 볼 때 치우는 초나라 계통 인물이다. 중국, 먀오족, 한국은 초 민족의 조상을 훔쳐 와 자신들의 조상으로 만들었다.

중국은 황제와 치우의 전쟁이 형제 싸움으로 중요하지 않다고 한다. 한마디로 집안싸움이라는 것이다. 중화민족의 단합을 위하여 치우가 현재 한족의 조상인 황제와 전쟁을 한 악인이라는 사실은 의도적으로 망각했다.

먀오족은 치우가 동이족이 남쪽으로 이동한 묘민의 후손이라고 한다. 현재의 먀오족은 남송 시기 문헌에 처음 등장하는데, 주희는 당시 후베이성 일대에 거주하는 이들이 고대 묘민과 같이 난폭하다 하여 '묘苗'라고 불렀다. 주희는 이들의 난폭함이 묘민과 닮았다고 한 것이지, 고대 묘민의 후예라고 한 것은 아니었다. 그러나 치우를 조상으로 만드는 과정에서 이러한 사실은 은폐되었다. 먀오족은 고문헌상의 치우 묘민설을 수용하고 단절된 역사를 무시하는 방법으로 치우를 조상으로 만들었다.

한국은 1930년대 쉬쉬성에 의해 제기된 치우 동이족설은 수용하고 중국 근대 이전 고문헌에 등장하는 묘민설은 부정하는 방법으로 치우를 한국인의 조상으로 만들었다. 선진 이전 산둥성 일대에 거주한 동이족과 《후한서》 이후 문헌에 등장하는 동이족이 다른 계통의 민족이라는 연구 성과도 무시했다.

결론적으로 치우는 누구의 조상도 아니다.

6

한중 문화 갈등의 원인

1

중국 문화의 파괴와 초조함

21세기 초 중국에서 한푸漢服 운동이 일어났다. 한푸 운동은 '한족 복식 문화 부흥 운동'의 약칭으로, 한족 복식을 회복하자는 운동이다. 한푸 운동을 일으킨 이유는 한족 복식의 부흥을 통해 중화민족의 전통문화를 부흥하기 위해서였다. 이 운동을 주도한 이들은 1980~1990년대 출생한 직장인과 대학생이었다. 이들은 2002년 인터넷을 중심으로 한푸 운동을 일으켰는데, 이후 관련 조직이 중국 전역에서 우후죽순 등장했다.

당시 중국에서는 치파오나 마괘를 한족 복식으로 여겼다. 치파오는 만주족 여성의 전통 복식이고, 마괘는 만주족이 말을 탈 때 착용하던 옷이다. 당시 중국 내 소수 민족은 모두 자신의 전통 복식이 있었으나 한족은 대표적인 복식이 없었다. 이러한 상황에서 만주족 복식 이전 한족의 복식을 복원하고자 했다.

만주족 복식이 한족의 전통 복식이 된 이유는 금나라와 청나라의 중국 통치와 관련 있다. 여진족의 추장 완안 아골타는 금나라를 세운 지 12년 만에 거란, 북송, 고려, 서하를 정복하고, 동아시아의 패권을 장악했다. 이 시기 남송은 금나라에 조공을 바쳤다. 연구자들은 이러한 상황을 중원 왕조가 조공을 받던 위치에서 조공을 바치는 처지가 됐다는 의미에서 '역조공' 혹은 '뒤바뀐 조공'이라 부른다.

여진 통치자들은 한족의 민족의식을 약화하고자 여진족의 습속인 삭발좌임削髮左衽을 요구했다. 삭발은 여진식으로 머리를 자르라는 것이고, 좌임은 저고리 옷깃을 왼쪽으로 여미는 것이다. 한족은 원래 우임을 했다.

금 태종은 1126년 조서를 내렸다.

지금 많은 곳이 금나라에 귀속됐으니 마땅히 풍속도 같아야 한다. 여진식으로 머리를 자르고 단건短巾을 하고, 좌임을 해야 한다. 감히 위반하는 자는 옛 국가를 그리워하는 것으로 간주해 법에 따라 엄격히 처리하라.[105]

태종은 한족들이 북송의 발식과 복식을 유지하는 것은 한족 정체성을 유지하고 금나라의 통치를 받아들이지 않는 것으로 생각했다.

1129년 금나라는 더 강력히 조처해 한족이 한족 복식을 입는 것을 금하고 변발을 명하고, 따르지 않으면 죽였다.

명령을 내린 날 각급 관리는 수단 방법을 가리지 않고 집행했다. 예를 들어 대주代州 군수 유도劉陶는 시장에서 군인 한 명을 잡아 정수리 머리를 잘라 시범을 보이고, 머리 길이가 이와 같지 않은 사람은 죽였다. 해주解州의 경수충耿守忠은 한족이 일할 때 입는 짧은 앞치마인 독비犢鼻를 입은 것을 보면 한족 복식을 입은 책임을 물어 죽였다. 무고하게 피해를 본 백성은 그 수를 헤아릴 수 없었다.[106]

금나라 통치자의 강력한 정책으로 한족 사이에서 여진족의 발식과 복식이 일반화됐다. 《람계록》에는 이렇게 나와 있다.

백성은 이미 오랫동안 호속에 익숙해 있으며, 생활 태도나 취미도 이미 호속화됐다. 가장 심한 것은 복식으로 모두 호족 방식을 따랐다. 회하淮河 이북 지역이 모두 그러하며 특히 경사京師 지역이 심했다.[107]

경사는 북송의 옛 도읍인 카이펑으로, 한족 중심지에서도 여진 복식이 유행했음을 알 수 있다. 금나라 중기인 장종 시기 기록을 보면 "모든 사람의 옷의 여밈과 머리 모양이 금나라와 같았다"[108]라고 한다.

청나라는 금의 정책을 계승해 더욱 강력하게 여진의 복식과 발식을 따를 것을 요구했다. 청나라 시기 변발은 뒤통수만 남기고 자르고, 남은 머리를 땋은 형태였다. 청나라 통치자는 금나라와 마찬가지로 한족이 변발을 따르느냐 아니냐에 따라 순종과 반역을 판별했다. 태조 누르하치의 열넷째 아들로 청나라 군대를 이끌고 중원에 들어와 이자성李自成을 대파한 뒤얼군多爾袞은 변발령을 내려 순종하

청나라 복식과 발식을 한 남자들 CC BY-SA Kallie Szczepanski

는 이와 역도를 구분했다.

변발을 하지 않으면 명나라를 그리워하고 청나라의 통치를 받아들
이지 않는 것으로 이해했다. 청나라 통치자의 의식 중에 한족이 변
발을 한다는 것은 진정으로 항복한 것을 의미했다. 변발했다는 것
은 사상적, 정신적, 의식적인 측면에서 진정으로 항복한 것으로, 변
발은 한족의 민족 기질을 변화시키고 꺾는 것이라고 생각했다.[109]

청나라는 한족뿐만 아니라 소수 민족도 청나라 복식과 발식을
따르도록 했다. 2003년 10월 광시성廣西省 취안저우현全州縣 둥산향東
山鄉 다터우여우촌大頭友村 야오족瑤族 마을을 답사한 적이 있다. 마을

사람들은 만주 복식을 입고 있었는데, 스스로 자신들의 복식이 몽골 옷과 비슷하다고 했다. 머리에 쓰는 두건과 앞치마를 제외하고는 전통 복식을 발견하기 힘들었는데, 아직도 할머니들은 청나라식 변발을 하고 있었다. 평소에는 두건을 쓰고 있지만, 두건을 벗으면 변발을 볼 수 있다.

북방 정복 왕조의 한족 문화 파괴가 타민족에 의한 것이었다면, 문화대혁명은 스스로 자신의 문화를 파괴한 행위였다. 대약진이 사회주의 문명국가를 건설하기 위한 경제 개혁 운동이었다면, 문화대혁명은 사상 개조 운동이었다.

문화대혁명 시기 '네 가지 낡은 악四舊'을 파괴한다는 명목하에 중국의 전통문화는 철저하게 파괴됐다. '네 가지 낡은 악'은 낡은 사상, 낡은 문화, 낡은 풍속, 낡은 습관을 말한다. 이에 따라 중국 곳곳에서 문화재가 파괴됐고, 전통문화는 봉건 미신이라는 이름으로 비판받았다. 현대화를 위해서는 새로운 사상과 물건이 필요하다며 홍위병들은 봉건주의와 자본주의, 수정주의 사상을 부숴 버렸다. 당시 홍위병의 활동을 두고 어떤 신문은 이렇게 썼다.

손오공이 높이 뛰어올라 여의봉을 들고 요괴를 물리치니 세상의 혼탁한 공기가 사라졌다. 홍위병 소장들이 마오쩌둥 사상을 무기로 모든 착취 계급의 낡은 사상, 낡은 문화, 낡은 풍속, 낡은 습관의 먼지를 쓸어내고 있다.[110]

1976년, 중국 대륙을 휩쓴 10년 동란이 끝나고, 1978년에 중국

홍위병이 불상을 쓰러뜨리는 장면111 홍위병 완장을 찬 젊은이들이 불상의 목에 줄을 매고 쓰러뜨리려 하고, 주변 학생들은 손뼉을 치고 있다. 불상의 이마에는 '그에게 사형을 판결한다'라고 쓴 종이를 붙였다.

은 개혁 개방을 했다. 개혁 개방 후 서구 사회를 접한 중국인은 낙후한 조국의 모습을 보고 심한 충격에 빠졌다. 1949년 신중국 성립 이후 국가 발전을 위해 최선을 다했지만, 현실은 낙후한 중국이었다. 1980년대 초 문화대혁명 비판과 함께 '미래 중국은 어디로 갈 것인가'에 대해 지식인들의 치열한 논쟁이 시작됐다. 이를 문화열文化熱이라 한다. 문화열은 우리말로 번역하면 '문화 붐'이라 할 수 있는데, 가장 영향력이 있는 것은 전반서화론全盤西化論이었다.

　　전반서화론자들은 중국 문명은 이미 요절했으니 서구 문명을 받아들여 완전히 개조하자고 했다. 전반서화론의 대표적인 논자로는 진관타오金觀濤, 간양甘陽, 허신何新 등이 있다. 전반서화론자의 주장을 가장 쉽게 볼 수 있는 것은 1988년 6월 중국 중앙텔레비전에서 방영한 다큐멘터리 〈하상河殤〉이다. '하'는 '황하', '상'은 '미성년으로 죽은, 주인 없는 귀신'이라는 의미다. 〈하상〉은 중국 문명이 이미 오래전에 요절했다고 선고했다.

〈하상〉이 비판 대상으로 삼은 것은 중국을 상징하며 중국인이 가장 자랑스러워하는 황하, 장성, 용이었다. 황하는 중국 문명을 키운 젖줄, 장성은 중국인이 만들어 낸 가장 위대한 건축물이며, 용은 중국인의 토템으로 중국인을 모두 용의 자손이라 한다. 그뿐만 아니라 〈하상〉에서는 중국의 낙후는 공산당의 관료주의와 특권 사상, 마오쩌둥의 비과학적인 출산 장려 정책에 원인이 있다고 비판했다. 〈하상〉의 내용을 한 줄로 요약하자면 중국 전통문화와 사회주의를 버리고 서구 문명을 받아들여 시장 경제화하자는 것이다. 이는 공산당의 통치를 정면으로 부정한 것이었다. 〈하상〉의 방영은 전 중국을 충격의 소용돌이로 몰아넣었다.

〈하상〉이 방영된 지 1년 후, 1989년 6월 톈안먼 사건이 발생했다. 자유주의 사조와 정치 개혁의 부재, 경제 정책 실패, 관리들의 부정부패가 결국 폭발한 것이다. 톈안먼 사건을 수습하는 과정에서 1992년 덩샤오핑은 남순강화를 통해 "자본주의에도 계획이 있고 사회주의에도 시장이 있다"라며 다시 개혁 개방 정책을 추진했다.

덩샤오핑의 선언 이후 중국은 서구 세계와 본격적인 교류를 시작했다. 1992년 한국과도 수교를 맺고 교류가 시작됐다. 1990년대 중후반 중국 안방은 한국 드라마가 차지했다. 가장 먼저 문을 연 것은 〈사랑이 뭐길래〉였다. 같은 시기에 〈여명의 눈동자〉도 방영했는데, 중국 사람들은 별로 좋아하지 않았다. 무거운 역사적인 내용을 담은 〈여명의 눈동자〉보다는 가족 간 에피소드를 담은 〈사랑이 뭐길래〉를 훨씬 더 좋아했다. 한국 드라마 열풍은 2000년대까지도 계속됐다.

2000년대 필자는 중국 남방의 소수 민족 지역을 자주 답사했다. 중국 남방의 서민 주택은 보통 세 칸으로, 중간에 거실에 해당하는 중당中堂이 있다. 원래 중당은 조상 위패를 모시는 곳인데, 문화대혁명 이후 조상 숭배가 약화돼 마오쩌둥 주석을 비롯한 중국 공산당 지도자들의 사진을 붙였다. 그런데 2000년대 들어 마오 주석 옆자리를 한국 연예인이 차지하기 시작했다. 우리나라 배우 장나라가 마오 주석과 함께 중당의 중요한 자리에 있는 모습은 2000년대 한류의 영향을 단적으로 보여 주는 장면이라 할 수 있다.

1990년대 이후 한국 문화가 중국을 강타했는데, 중국 언론은 이러한 현상을 한류韓流라고 했다. 다른 한편으로 한류를 한류寒流라고도 썼다.

"한류라는 말은 암묵적으로 강력한 한국 문화 조류가 중국 텔레비전 시장에 한류寒流를 드리웠음을 지적한 것이다. 이는 일종의 자기 조롱으로 중국 내 문화 산업의 발전에 대한 우려이며 더욱 중국 전통문화의 국제 영향력이 약해지는 것에 대한 우려였다. 이때 강릉 단오제가 등재되어 우려하던 바가 확인됐다."¹¹²

한류는 사실 지나치게 한국 문화에 경도된 중국 사회에 대한

중당의 마오쩌둥 주석 사진과 배우 장나라 사진 2003년 광시성 취안저우현 등산향 다터우
여우촌 야오족 마을. 필자 촬영

우려를 담고 있는 말이었다. 한류가 중국을 뒤덮고 중국의 전통문화
가 한국에 선점됐다고 생각하면서 중국인은 강한 우려를 표명했다.

"어떤 누리꾼은 중국 문화를 조금씩 빼앗길까 우려를 표명한
다. 매번 빵즈가오리빵즈의 약칭가 문화를 약탈하는 것을 볼 때마다 첫
번째 반응은 우습다는 것이고, 두 번째는 마음이 아프다는 것이다.
단오의 상처에서 시작하여 나는 정말로 우리 문화를 다시 빼앗길까
두렵다."[113]

거란 이후 북방 정복 왕조에 의한 한족 문화의 파괴 그리고 문
화대혁명에 의한 자문화 파괴가 심각한 상황에서 개혁 개방 이후
서구 문화에 침식되고, 더욱이 한국 문화가 중국 사회에 대규모로
유행하면서 중국 사회는 긴장하기 시작했다.

2
전통문화로 문화 허무주의를
비판하다

중국에 허무주의가 처음 팽배한 것은 문화대혁명이 끝난 이후다. 사회주의 이상 국가 건설에 매진했던 젊은이들은 개혁 개방으로 자신들의 사회주의 신념에 타격을 받고 허무주의에 빠졌다. 1980년대 초 중국에서는 젊은이들의 자살률이 높았다고 한다.

    중국 정부가 허무주의 비판에 본격적으로 나선 것은 1989년 톈안먼 사건 이후다. 중국 정부는 톈안먼 사건을 주동한 이들을 허무주의자라 규정했다. 허무주의에는 두 가지 종류가 있다. 중국 역사, 특히 공산당의 반제국주의 투쟁과 혁명 역사를 부정하는 것을 역사 허무주의라 한다. 중국 전통문화를 부정하고 서구화하자는 것은 민족 허무주의라 한다. 당시 중국 정부가 문화 허무주의라는 말을 사용하지 않은 이유는 문화대혁명 시기 사인방이 주도한 전통문화 파괴와 정신문화 개조 운동을 지칭한 용어였기 때문으로 보인다. 2019년 말 새로 발표한 애국주의 교육 문건인 〈신시대 애국주의 교육 실시 강요新時代愛國主義教育實施綱要〉에서는 민족 허무주의 대신 문화 허무주의라는 말을 사용했다.

1990년대 초 중국 정부는 애국주의 교육을 했는데, 목적은 허무주의 사조를 비판하고 공산당에 충성하는 인민을 양성하는 것이었다. 1994년 중국 공산당 중앙위원회, 즉 중공 중앙中共中央은 〈애국주의 교육 실시 강요愛國主義教育實施綱要〉를 발표하고, 정식으로 애국주의 교육을 시작했다. 〈애국주의 교육 실시 강요〉에서는 전통문화 교육을 두고 다음과 같은 방안을 제시했다.

중화민족의 우수한 전통문화 교육을 진행한다. 중화민족은 찬란한 중화 문명을 창조하는 과정에 강대한 생명력을 가진 전통문화를 창조했다. 그 내용은 매우 넓고 깊으며 철학, 사회 과학, 문학 예술, 과학 기술 등 방면의 성취를 포괄할 뿐만 아니라 숭고한 민족정신, 민족의 기개, 우수한 도덕을 내포하고 있다. 또한 걸출한 정치가, 사상가, 문예가, 과학자, 교육자, 군사가를 무수히 배출했을 뿐만 아니라 풍부한 문물 사적, 경전과 저작을 남겼다. 이와 같은 풍부한 문화유산은 애국주의 교육의 고귀한 자원이다.

시진핑 주석은 2012년 18대 당 대회 이후 다시 전통문화 교육을 강화하고 있다. 2014년 3월 〈중화 우수 전통문화 교육 지도 강요 완비完善中華優秀傳統文化教育指導綱要〉를 발표하고 학교 현장과 사회에서 전통문화 부흥 운동을 벌이고 있다.

그렇다면 2012년 이후 전통문화 교육을 더욱 강조하기 시작한 이유는 무엇일까? 그것은 문화 허무주의자를 비판할 이론적 무기가 필요했기 때문이다.

중국에서 문화 허무주의에 관한 견해는 두 가지가 있다. 하나는 중국 전통문화를 부정하고 서양화를 통해 문화 부흥을 이루자는 주장이다.[114] 다른 하나는 전통문화도 포괄하지만 주로 혁명 문화 전통, 공산당사, 신중국사를 전면적으로 부정하는 것을 말한다. 최근 위화민于化民은 "문화 허무주의는 전통문화를 부정하고 서구화하자고 하는 것이지만, 특히 중국 공산당이 창조한 혁명 문화를 근본적으로 부정하고, 혁명 문화의 가치를 영원히 부정하는 것을 말한다"[115]라고 했다. 민족 허무주의의 초점이 전통문화에 있었다면, 문화 허무주의는 중국 공산당의 혁명 문화를 부정하는 것에 초점이 있다.

두 번째 입장을 가진 이들은 문화 허무주의의 위험성을 다음과 같이 경고한다.

"문화 허무주의는 혁명 역사와 혁명 문화에 대한 멸시와 경멸로 가득 차 있으며, 마르크스주의의 지도적 지위와 사회주의로 나아가는 중국의 역사적 필연성을 근본적으로 부정하고 중국 공산당의 지도력을 부정한다. 잘못된 사조가 난무하면 주류 이데올로기를 해체하고 네 가지 자신감을 흔들어 국가의 이데올로기 안전과 문화 안보를 위협하는 심각한 결과를 초래할 수 있다."[116]

이들은 문화 허무주의에 본질적으로 정치적 의도가 있다고 본다.[117] 전통문화를 부정하는 최종적인 목적은 문화적으로 자본주의 길을 가기 위한 여론을 조성하는 것으로 중국 특색 사회주의 문화를 해체하고 '문화 자신'에 손상을 입혀 당의 지도를 약화하고 사회주의 현대화를 실패하게 하려는 것[118]이라고 한다.

문화 허무주의를 비판하는 논자들은 서구 자본주의로 중국 전통문화가 사라져 민족이 위험에 처하게 될 것이라고 하지만, 사실 이들이 비판하고자 하는 대상은 서구 민주주의와 중국 내 민주주의 세력이다. 중국이 민주화된다는 것은 공산당이 사라진다는 것을 의미한다.

시진핑 정부는 2010년 이후 문화 허무주의가 더욱 고조됐다고 생각한다.

"문화 허무주의는 개혁 개방 이후 네 차례 고조기가 있었는데 마지막은 2010년 이후로, 더욱 은밀하게 사회주의 선진 문화의 논조를 직접 부정하는 외에 학술 연구와 영상 문학 작품 중 '정곡을 찌르는 방식으로 암암리에 비난하고高級黑', '당의 신념과 정치적 주장을 의도적으로 단순화하거나 저속화低級紅'하는 현상이 출현했다."[119]

시 주석도 문화 허무주의의 목적을 간파하고 18대 당 대회 이후 반복해서 "중국 공산당은 역사 허무주의자나 문화 허무주의자가 아니며 조상을 잊지 말고 자신을 비하하지 말아야 한다"[120]라고 강조한다. 시 주석은 문화 자신론, 문화 다원론, 중국 특색 사회주의 문화 발전론을 통해 문화 허무주의, 즉 민족 문화 허무론과 서구 문화 중심론, 문화 서구화 발전론의 오류를 직접 지적했다.[121]

학계에서는 문화 허무주의 극복 방안을 제시했다. 하나는 중국 공산당의 혁명 문화를 이용해 문화 허무주의를 극복하자는 것이다.

"혁명 문화에 축적된 역사 기억은 문화 허무주의를 배격하는 강력한 무기로, 혁명 문화를 계승하고 학습하여 문화 허무주의와 싸우는 것은 신세대 공산당원들의 책임이다."[122]

다른 하나는 마르크스주의와 전통문화를 결합한 방식으로 최근 주목받고 있다. 이 이론에 의하면 '사회주의 핵심 가치관은 중화 우수 전통문화의 계승이며 승화'[123]로, 중국 사회주의의 근원은 중국 전통문화에 있다고 한다.

〈신시대 애국주의 실시 강요〉에서는 전통문화 교육을 실시해 문화 허무주의를 배격할 것임을 명확히 하였다.

중화민족의 유구한 역사와 찬란한 문화로부터 영양과 지혜를 섭취해 문화 허무주의를 배격하고 중화민족의 소속감, 정체성, 존엄성, 명예 의식을 끊임없이 증진할 것이다.

전통문화와 마르크스주의를 결합한 방식은 매우 간단하다. 고문헌이나 고대 사상에서 공산당이나 시진핑 주석의 사상과 유사한 점을 찾아내면 된다. 예를 들어 공자의 정치사상에 보이는 풍부한 지혜는 공산당의 국가 경영에 중요한 문화적 기초라고 한다.[124] 또 다른 연구자는 맹자의 사상과 사회주의 핵심 가치관이 서로 통함을 발견했다. 먼저 시진핑 신시대의 민주 사상은 《맹자》에 나오는 민본 사상을 계승한 것이다. 《맹자》는 "국가는 백성을 근본으로 하고 조정 역시 백성을 근본으로 한다"[125]라고 했는데, 이는 시진핑 주석의 부강, 민주 사상과 서로 통한다. 《맹자》의 "사람들이 드나들 때 서로 돕고, 도둑이 오는지 서로 망을 봐 준다"[126]라는 말은 핵심 가치관의 조화和諧, 우애友善와 호응한다. 《논어》에서 "사람이 신용이 없으면 어찌 살아갈 수 있겠는가? 이것은 수레에 쐐기가 없는 것과 같은 것으로 수레가 앞으로 나갈 수 없다"[127]라고 했는데, 이는 핵심 가치관의 성심誠信과 같은 의미다.[128]

시 주석 또한 마르크스주의와 전통문화가 결합한 위의 방식을 선호한다.

"중국 특색 사회주의 문화는 중화민족 5천 년 문명 역사가 잉태하고 키운 중화 우수 전통문화에서 근원했다."[129]

최근 푸젠성福建省 시찰 중 했던 연설에서는 "마르크스주의와 중화의 우수한 전통문화를 유기적으로 결합해 중국 특색 사회주의의 길을 확고히 가야 한다"[130]라고 말했다.

그렇다면 전통문화가 어떻게 문화 허무주의, 즉 민주주의를 비판하는 데 유용하게 사용될 수 있는 것일까? 전통문화가 문화 허무주의를 비판하는 사상적 무기로 사용되려면 다음과 같은 것이 전제되어야 한다.

첫째, 중국 사회주의와 전통문화는 동일체다.

둘째, 서구 문화와 민주주의는 동일체다.

이와 같은 논리가 성립되면 전통문화로 서구 문화, 특히 서구 자본주의 문화를 비판한다. 서구 문화에는 민주주의도 포함되기 때문에 자연스럽게 민주주의 사상에도 오물을 덧칠할 수 있다. 이렇게 되면 사회주의 이데올로기로 비판하지 않아도 사람들은 민주화 세력에 대해 비판적으로 생각하게 된다. 표면적으로는 전통문화로 서구 문화를 비판하는 것이지만, 본질적으로는 사회주의 문화로 민주화 세력을 비판한 것이다. 이와 같은 논리적 비약이 사회 대중에게 받아들여질 수 있을까 생각이 들지만, 애국의 깃발을 달면 이 또한 불가능한 일은 아니다.

중국 공산당은 위와 같은 논리를 이용하면 사회주의 이데올로기를 전면에 내세우지 않고 전통문화를 이용해 민주화 세력을 제거할 수 있다고 생각한다. 따라서 현재 중국에서 진행되는 전통문화 운동은 사회주의와 민주주의의 이데올로기 투쟁이며, 민주화 세력에 대한 시진핑 정부의 정치 탄압이라 할 수 있다. 문화대혁명 시기에 사회주의 이데올로기로 자본가를 공격했다면, 현재는 중화주의로 민주화 세력을 공격하고 있다. 문화대혁명이 사회주의 문화대혁명이었다면, 현재는 중화주의 문화대혁명이라 할 수 있다.

중국 정부는 자신들의 정치적 목적을 이루기 위해 전통문화를 중시하는 정책을 실시했다. 전통문화 교육은 서구와 민주주의 세력을 부정하는 것이 목적이기 때문에 중국 문화에 대한 강한 우월감과 외부에 대한 배타성을 특징으로 한다. 따라서 중화주의적 성격이 강한 전통문화 교육을 받은 이들은 우월적 관점에서 타 문화를 얕잡아 보게 되었다. 특히 역사적으로 문화 교류가 많았던 한국은 이들의 먹잇감이 되었다.

3

왜곡된 언론 보도와
인터넷을 통한 확산

대중이 한국 문화를 오독하고 민족주의 정서를 형성하는 데 언론과
인터넷 매체는 중요한 역할을 했다.

"먼저 언론은 자기 입장에서 타국 문화를 의도적으로 혹은 무
의식적으로 오독하고 자신의 이해와 판단을 근거로 선택하고, 가공,
정리하여 기사를 작성하여 전달했다."[131]

그동안 한국 문화에 대해 중국 언론의 오보가 속출했고, 선동적
인 보도로 민족주의 정서를 자극했다. 앞에서 살펴본 바와 같이 중
국에서 일어난 단오 논쟁은 언론의 오보가 결정적인 역할을 했다.
그러나 단오 논쟁 이후에도 언론의 오보와 민족주의 정서를 선동하
는 보도는 끝나지 않았다.

2007년 이후 광둥성廣東省의 작은 신문인《신콰이보新快報》는 연
속해서 한국인의 문화 약탈 행위에 대해 보도했다.

한국은 중화 문화를 빼앗아 유네스코 문화유산에 신청하는 행위를

계속해 왔다. 한국은 활자 인쇄술을 한국이 발명했다고 한다. 유네스코는 잘 알지 못하는 상태에서 한국이 단오절을 한국의 문화유산으로 빼앗아 등재하는 것에 동의했다. 그리고 공자는 한국인이고, 서시西施, 신의神醫 이시진李時珍을 모두 한국 국적에 편입했다. 중의는 한국인이 발명한 것이라며 《본초강목》, 인삼, 침을 모두 하나의 주머니에 넣어 버렸다. 급히 유네스코에 한푸 신청서를 제출했다. 한자는 한국인이 발명한 것이라고 한다. 2008년 이전에 풍수지리 항목을 준비 완료할 것이라고 한다. 한국 《조선일보》는 '쑨중산이 한국인'이라고 보도했다.

서시는 춘추 시대 말 월나라가 오나라 왕 부차에게 보낸 여인으로, 부차의 후궁이 되어 월나라가 오나라를 멸망시키는 데 큰 역할을 했다. 왕소군, 초선, 양귀비와 함께 중국 4대 미인으로 꼽힌다. 이시진은 유명한 의학서인 《본초강목》을 저술한 명나라 말 약학자이며, 중의는 중국 전통 의학을 말한다. 즉 한국이 이시진을 비롯해 중국 전통 의학을 한국 문화유산으로 유네스코에 신청하려 한다는 것이다. 그리고 한국 한복이 아닌 중국의 한푸를 한국이 유네스코에 신청하려 한다고도 했다.

쑨중산은 신해혁명을 이끈 혁명가이며 중국 국민당의 창립자다. 쑨중산에 대한 《신콰이보》의 보도는 다음과 같다.

기원전 천 년 한국 남단에 거주하던 이들이 주나라 군대를 위해 전쟁을 했는데, 그중 일부는 전공이 뛰어나 주 문왕에 의해 중국 허난성 일대에 봉해졌다. 박분경 교수는 광둥성의 쑨씨가 거주하는 마을을 조사하니 한국인의 색채가 명확하고 쑨씨 족보 중 고조선 문자에서 변한 문자가 발견되어 쑨중산이 한국 혈통임을 확인했다고 한다.《조선일보》기자는 이에 대해 추적 조사를 하고 있으며, 올해 말 관련 내용을 책으로 출판할 것이라고 한다.[132]

2008년 8월 미국 수영 선수 펠프스는 베이징 올림픽에서 금메달 여덟 개를 따 가장 주목받는 인물이 됐다. 8월 19일 둥베이왕東北網은 '한국《조선일보》에 의하면'이라면서 〈당신들에게 작은 비밀 하나 알려 줄게, 펠프스는 사실 한국 혈통이야〉를 보도했다.[133]

성균관대학교 역사학과 교수 박분경에 의하면 대략 기원전 천 년경 한반도 최남단인 제주도 부근에 거주하던 고조선 어민이 표류하여 아메리카 대륙에 정착했다. 그중 많은 이들이 현재 미국 메릴랜드 주 볼티모어시에 정착했다. 메릴랜드는 내륙 지대로, 펠프스가 수영에 재능이 있는 것은 한국인의 유전자 때문이다.

위 두 기사는 모두 유명인이 한국인, 한국인 핏줄이라고 억지를 부린다는 내용이다. 기사 내용은 판박이다. 쑨중산의 조상은 중국으로 갔고, 펠프스의 조상은 미국으로 갔다는 것이 차이점이다. 이 황당한 기사는 한국의 유명한 신문인《조선일보》를 인용 보도하는 방식으로 신뢰를 높였다. 그리고 존재하지 않는 인물인 성균관대학교 역사학과 박분경 교수를 내세워 한국 유명 대학 교수의 연구 성과

임을 강조했다. 비록 주류 신문은 아니지만, 이들 보도는 인터넷에서 큰 반향을 일으켰다.

2010년에도 《조선일보》를 인용한 오보가 있었다. 기사의 제목은 〈한국에 당한 것인가, 한국을 오해한 것인가〉로, 《조선일보》가 서울대학교 역사학과 박정수朴正秀 교수의 다음과 같은 주장을 보도했다고 했다.

> 한민족이 처음으로 한자를 발명했다. 한국인이 중원으로 이주하면서 중국에서 한자를 사용하게 됐다. 박정수 교수는 한국 정부에 한자 사용을 회복하고 한자를 세계문화유산에 신청할 것을 건의했다. 한국인은 상나라 이전에 산둥성에 거주했고 이후 중원에서 상나라를 건립했으며 한자를 발명했다. 주나라가 상나라를 멸망시킨 후 한국인은 중원에서 물러나 한자 사용을 포기하고 이전의 한국어를 사용하게 됐다.[134]

위의 주장은 우리도 익히 들어온 바 있다. 박정수라는 교수가 했다는 이야기는 한국 내 몇몇 사람이 주장한 바 있다. 박정수 교수는 아마도 중국 기자가 잘못 쓴 것으로, 이미 작고한 한국학중앙연구원의 박성수 교수를 말하는 것으로 보인다. 위 기사의 문제점은 박 교수를 서울대 역사학과 교수라 밝혀 신뢰도를 높이고 한국 전체를 대표하는 주장인 것처럼 포장했다는 것이다. 그리고 한국 정부에서 한자를 유네스코 문화유산으로 신청하려 한다는 기사를 내보냄으로써 강릉 단오제의 기억을 소환했다.

사실 중국보다 타이완에 혐한을 부추기는 언론 기사가 더 많았다. 2008년 6월 1일 타이완《중궈시보中國時報》는 〈한국인은 석가모니가 한국인이라고 한다〉라는 기사를 보도했다. 기사에서 '한국의 문화 확장 활동이 또 새로운 발전이 있었다. 노자, 공자가 한국인이라 한 데 이어 석가모니도 한국인이라고 한다'라고 했다. 그리고 네티즌의 말을 인용해 '한국은 아예 히틀러, 무솔리니, 빈 라덴도 한국인이라고 해라'라고 하며 혐한을 부추겼다.

같은 해 6월 9일《중궈시보》는 다음 내용도 보도했다.

이전에 한국은 단오절과 중의가 한국 것이라 했는데 최근 중국 네티즌은 된장豆醬이 한국에서 중국으로 전해진 것이라는 한국인의 주장을 찾아냈다. 이런 일이 계속된다면 중국인이 한국인의 후예가 되는 것이 아닌가 우려를 하게 된다.

타이완에서는 신문뿐만 아니라 텔레비전에서도 많은 가짜 뉴스를 생산해 혐한을 부추겼다.

민족주의 정서가 강한 언론의 보도는 인터넷 매체를 통해 확산했다. 중국 내 '한국의 문화 침략자 형상'은 인터넷에서 만들어졌다.[135] 중국의 한 연구자는 "소위 단오 전쟁은 중국 매체와 분노청년이 공모한 가상의 전쟁이었다"[136]라고 했다.

인터넷에서 한국과 관련된 각종 부정적 여론을 조성한 이들은 분노청년이다. 분노청년은 애국주의 교육으로 등장한 인터넷 애국주의 청년 집단이다. 이들은 1990년대 중반 등장해 2000년대에 맹위를 떨쳤는데, '천하의 흥망에는 필부에게도 책임이 있다'라며 국가 운명에 대한 강한 책임 의식을 가지고, '애국 무죄'를 방패 삼아 인터넷 공간과 현실 세계를 활보했다.

분노청년은 중화주의가 바탕이 된 역사 교육과 전통문화 교육을 받았기 때문에 중국 우월주의와 외국에 대한 배척이 강하다. 이들은 온라인 공간에서 익명성을 무기로 자기 관점을 제시하고 불만을 토로했다. 분노청년의 애국 활동은 실전이 아니라 인터넷 공간에서 이루어지므로, 중국 연구자들은 '침 전쟁口水戰'이라 하고, 분노청년을 '키보드 애국주의자'라고 한다.

중국 관영 언론은 한국과의 문화 논쟁을 보도하지 않아 중국 네티즌의 비난을 받기도 했다. 관영 언론은 중국 정부의 통제를 받기 때문에 한중 간 나쁜 소식은 기본적으로 언론에 보도하지 않는다. 주류 언론이 민감한 문제를 보도하지 않는 것을 두고 네티즌은 대대적으로 비판했다.

네티즌은 CCTV를 무시해 CCAV라 했고, 매체媒體를 매체霉體라고 써 실망을 표현했다. 한국의 도둑 행위를 통탄하고 정부와 언론의 무능과 아무 행위도 하지 않는 것을 매우 가슴 아프게 생각한다! 한국 연예인이 우리의 가장 사랑하는 조국을 모욕한 것이 한두 번이 아니다. 그러나 중국 매체霉體와 텔레비전은 영리를 위해 부끄러움을 모르고 한국 드라마를 수입하고 선전하고 있다. 인터넷에서 혐한 정서가 고조됐는데, 오히려 신문과 텔레비전은 한중 간의 우호적인 교류를 보여 주는 화면으로 가득 차 있다.[137]

매체霉體는 곰팡이라는 뜻으로, 언론을 의미하는 매체媒體와 동음어다. 중국 네티즌은 동음어인 매체霉體를 이용해 중국 언론을 비난했다.

시진핑 집권 이전 지방의 작은 언론에서 혐한을 부추겼으나 중국 관영 언론이 한국에 대해 부정적인 여론을 선도했다고 볼 수 없다. 혐한 정서를 주도한 이들은 인터넷 여론을 이끈 분노청년이었다.

4
우리에게도 문제는 있다

혐한 사건 대부분은 중국 자체에서 시작되고 발효한 측면이 크다. 강릉 단오제의 경우 한국은 우리 문화유산을 유네스코 무형유산으로 신청했을 뿐인데, 문화 도둑이라는 비난을 들어야 했다. 중추절의 경우 중국 내에서 본인들끼리 신라 기원이니 아니니 논쟁을 한 것으로 한국은 논쟁이 있다는 사실조차 몰랐다. 전체적으로 볼 때 한국은 문화 기원론에 별다른 관심이 없었다고 할 수 있다. 따라서 전통문화 논쟁은 대상이 없는 중국 애국자 스스로의 전쟁이었던 측면이 있다. 그러나 혐한 사건 중 일부는 한국에서 빌미를 제공했다.

한국 유사학자와 일부 연구자는 학문적으로 증명되지 않은 사실을 주장했다. 예를 들면 한국인은 고대 산둥성에 거주한 동이족이며, 치우는 한국인의 조상이고, 상나라는 한국인이 세운 나라라고 주장했다. 한자도 한국인이 만든 것이라 했다. 백제가 중국 땅에 그려진 지도가 중국에 소개돼 논란을 일으키기도 했다. 그리고 한자는 한국인이 발명했으며, 공자도 한국 사람이라고 했다. 2010년에는

2036년 만주는 한국 땅이고, 일본은 한국 식민지로 그린 지도가 한국 인터넷에서 유행했다며 중국 애국자에게도 알려졌다.

필자는 중국에 거주하는 동안 위와 같은 내용을 따져 묻는 사람들을 종종 만날 수 있었다. 그럴 때면 다음과 같이 대답했다.

"일부 한국인이 그러한 주장을 하지만 대부분의 한국 사람들은 그렇게 생각하지 않는다."

그러나 대답을 들은 후에도 결코 그렇지 않을 것이라며 의심을 멈추지 않았다.

중국 애국자들은 일부 한국인의 주장을 이용해 다양한 버전의 가짜 뉴스를 생산했다. 앞에서 살펴본 바와 같이 대부분 《조선일보》 기사를 인용해 한국 교수가 황당한 주장을 한다는 내용이었다. 중국에서 《조선일보》는 한국을 대표하는 신문으로 인식된다. 심지어는 미국인인 펠프스를 한국인이라 주장한다고 했는데, 이는 의도적으로 한국인이 정신적으로 문제가 있음을 드러내고자 한 것이다. 심지어 타이완에서는 석가모니를 한국인라고 주장한다는 내용도 보도가 됐다.

2009년 KBS는 다큐멘터리 〈만주대탐사〉를 방영했다. 다큐멘터리에서는 중국 홍산 문화가 고조선의 형성과 관련이 있을 가능성을 제기했다. 홍산 문화인의 후예가 남긴 하가점 하층 문화의 주인공이 고조선이라는 것이다. 하가점 하층 문화는 이미 국가 단계에 진입했는데 사서 기록으로 보아 요서 지역에서 국가를 세울 수 있는 나라는 고조선밖에 없다는 것이다. 홍산 문화는 당연히 고조선 문화에 영향을 주었을 것이다. 그러나 홍산 문화의 옥기는 안후이성

安徽省 링자탄凌家灘 유적에서 대규모로 발견되고, 이후 창강 하류 량주良渚 문화로 이어진다. 홍산 문화와 량주 문화 옥기는 유사성이 매우 높아 홍산 문화인의 집단 이주설이 제기되는 상황이다. 홍산 문화의 대표적인 옥기인 옥저룡은 황하 중류의 양사오 문화에서도 발견되고, 창강 중류의 스자허石家河 문화에서도 발견된다. 그런데 다큐멘터리에서는 학문적 성과를 두루 살피지 않고 성급하게 홍산 문화와 고조선의 관련성만을 언급했다.

문화 방면의 일은 아니지만 고구려 벽화 밀반입, 창춘 동계 올림픽 참가 선수들의 백두산 세리머니, 한국 네티즌의 원촨 대지진에 대한 악플도 혐한의 원인이 됐다. 도굴당한 벽화는 삼실총과 장천 1호분 벽화로 알려졌는데, 현재도 행방을 알지 못한다. 백두산 세리머니는 올림픽에 참가한 선수들이 백두산에 올라 태극기를 들고 "백두산은 우리 땅!"이라고 외친 사건이다. 심정은 이해하겠으나 중국인에게는 절대 달갑지 않은 행동이었을 것이다. 원촨 대지진 악플은 다시는 일어나서는 안 될 사건이라고 생각한다. 한국 네티즌은 원촨 대지진을 두고 '중국이 천벌을 받은 것이다'라고 악성 댓글을 달았다. 이러한 댓글은 중국 애국자들이 다른 나라에서 불행한 일이 발생했을 때 다는 댓글과 일란성 쌍둥이다. 당시 중국은 커다란 슬픔에 빠져 있었다. 중국 전체에서 사망자를 추모하는 촛불집회가 밤마다 열렸다. 그런데 가족을 잃고 슬퍼하는 사람들에게 천벌을 받았다는 악담을 했다.

최근 한국 언론은 중국 애국자의 활동을 시시각각 보도하고 있다. 그중에는 사실에 부합하지 않는 내용도 있다. 여러 신문에서 바이두와 중국판 위키피디아에 세종대왕, 윤동주, 안중근, 윤봉길, 김연아, 이영애 등이 '조선족'으로 표기됐다고 보도했다. 언론들은 이를 문화 침략으로 인식하고 동북공정에 빗대기도 했다. 필자가 직접 바이두를 검색해 보니 한국 신문에서 거론한 인물 중 윤동주는 중국 조선족 애국 시인으로 소개되어 있었다. 그러나 다른 인물의 경우 국적이 한국 또는 '조선'으로 표기되어 있었다.

한국 인물을 조선으로 표기한 이유는 두 가지로 볼 수 있다. 하나는 기존 언어 습관이 남아 있을 가능성이다. 중국은 한국과 수교 이전 북한을 조선이라고 불렀다. 1990년대만 해도 한국인을 조선인이라 부르는 경우가 많았다. 2006년 필자가 지방에서 열리는 학술 대회에 참가했을 때, 사회자는 필자를 "조선에서 온 김인희 박사를 소개한다"라고 하여 한바탕 술렁인 적이 있다. 사회자는 기존 습관대로 한국을 조선이라고 했는데, 객석에 있던 이들은 북한으로 이해했던 것이다. 또 하나는 가수 이효리의 '마오' 발언 이후 중국 한류 팬들은 한국을 남한이라 부르지 않고 남조선이라 부르기 시작했다.[138] 한국 국적인 이들을 굳이 조선이라 표기한 것은 한국을 부정한다는 의미에서 고의로 그랬을 가능성도 있다. 한국도 정확하지 않은 정보와 오독으로 혐중 정서를 불러일으켜서는 안 된다.

7

시진핑 시기
신문화 전쟁

1
한중의 신문화 전쟁

최근 한국과 중국 사이에 새로운 문화 전쟁이 시작됐다. 2020년 말 한복과 김치의 기원이 중국이라고 주장하더니, 갓, 삼계탕 등 많은 한국 문화가 중국에서 기원했다고 한다. 이제는 그 수를 세기가 힘들 정도다.

사실 최근 한중 간 신문화 전쟁이 시작된 것은 한국 언론이 중국 내 상황을 시시각각 보도하면서 시작된 면이 있다. 중국 네티즌이 한국 문화의 중국 기원론을 제기한 것은 하루 이틀의 일이 아니다. 그렇다면 한국 언론은 왜 갑자기 중국 네티즌의 발언에 주목하게 된 것일까? 아마도 최근 중국 네티즌의 행동이 어느 나라에나 있는 일부 극우 집단의 일탈로 보기 어렵다고 판단했기 때문일 것이다.

언론에서는 현재의 문화 갈등을 동북공정에 빗대어 문화공정이라 부른다. 동북공정은 중국 정부에서 주도한 역사 프로젝트다. 문화공정이라는 말이 성립하려면 한중 간 문화 갈등을 중국 정부가 주도하는 모습이 포착돼야 한다. 그러나 현재 중국 정부가 구체적인 계획을 갖고 한국 문화를 중국 문화로 복속시키려 하는 움직임은 포착되지 않는다. 따라서 문화공정이라는 표현은 적당하지 않다고 생각된다. 그러나 중국 관영 매체의 보도 태도나 네티즌의 공격 대상과 방식이 달라진 것은 분명하다.

앞에서 중국 관영 매체는 양국 간 관계를 고려해 한국에 대한 민감한 보도는 자제하는 경향이 있음을 지적한 바 있다. 그런데 최근 기존 관행을 벗어나 관영 매체인 《환치우시보》가 한국을 직접 공격하는 기사를 내보내고 있다. 2020년 10월 방탄소년단이 미국의 밴 플리트상 시상식에서 한 말을 두고 "세계적으로 유명한 아이돌인 방탄소년단이 정치적 발언을 해 논란을 일으켰다"[139]라고 했다. 그뿐만 아니라 "중국 네티즌이 분노하고 있으며, 방탄소년단은 대독분자"라고 비난했다. 대독분자는 '타이완 독립을 지지하는 자'라는 뜻이다. 11월에는 〈국제 김치 표준 중국 주도로 제정, 한국 언론들 폭발〉[140]이란 민감한 내용의 기사를 보도했다.

중국의 김치 산업이 국제 김치 산업의 표준이 됐으며, 이는 중국 김치 산업 기술이 세계의 인정을 받은 것으로, 한국의 김치 종주국 지위는 유명무실해졌다.

12월 〈한국 연예계는 왜 항상 중국을 못마땅해하는가?〉[141]라는 기사에서는 한국 연예인들이 중국을 웃음거리로 만들고 중국 공기가 나쁘다고 했다며, 중국을 존중하지 않고 무례하다고 비난했다.

그러나 《환치우시보》를 제외한 다른 관영 매체에서는 한국에 대한 비판적인 기사를 보도하지 않고 있다. 지금도 양국 네티즌 사이에 설전이 계속되고 있는 '한복의 명나라 기원설'에 관한 보도도 하지 않고 있다. 이는 중국 관영 매체가 적극적으로 한중 문화 갈등을 부추기는 것은 아니라는 뜻이다. 그러나 《환치우시보》가 한국 전쟁, 김치 주권, 한국인의 중국에 대한 태도를 문제 삼는 것은 이전 중국 관영 매체의 보도 방식에서 벗어난 것이라는 점은 분명하다.

최근 중국 내에서 한중 문화 갈등을 주도하는 인터넷 집단은 소분홍이다. 소분홍은 문화 주권, 한중 간 역사적 지위, 문화 산업 등에서 우월적 지위를 확보하고자 한국 문화에 파상적인 공격을 가하고 있다. 중국 네티즌의 입장을 간단히 정리하면 '한국 문화는 모두 중국에서 기원했으니 한국은 중국의 속국이었다'라는 것이다.

한국 문화의 중국 기원론은 중국 네티즌들이 2004년 단오 논쟁 이후 꾸준히 제기해 온 문제다. 단오 논쟁을 비롯한 기존의 문화 논쟁은 한국 문화를 제대로 이해하지 못한 상황에서 무의식적으로 오독한 측면이 있다. 중국인은 한국에서도 단오에 굴원을 기념한다고 생각했다. 이에 반하여 최근 발생한 김치와 한복 논쟁은 의식적 오독의 성격이 강하다.

"무의식적 오독은 주로 전달자와 수용자의 문화적 차이에 따른 것으로 자기 문화 중심으로 상대방을 긍정하기도 하고 부정하기도 한다. 의식적 오독은 체계적이고, 이성적인 것으로 종종 정치, 이데올로기와 연결되거나 혹은 실제적인 필요로 출현하며 선입견에 사로잡히게 한다."[142]

소분홍이 한국 문화에 대해 의식적인 오독을 하고 있음은 다음과 같은 점을 통해 알 수 있다.

첫째, 한국 문화의 중국 기원론을 주장하는 목표가 명확하다. 즉 문화적 속국임을 증명해 한국의 역사적 지위가 중국에 종속적이었음을 증명하고자 한다.

둘째, 누가 보아도 자명한 한국 문화인 김치, 한복을 중국 문화라 한다. 문화는 고고 유물이나 역사와 달라서 사람이 주체이며, 당연히 향유하는 사람이 그 문화의 주인이다. 심지어 얼마 전까지만해도 중국 네티즌은 김치의 볼품없음을 비아냥거리며 한국을 '파오차이국'이라 하지 않았던가? 중국은 충분히 힘이 세졌다고 생각하기에 당연히 한국 문화인 것조차 자기 것이라 주장할 수 있다고 생각한다.

셋째, 소분홍은 기존 한중 갈등을 주도한 분노청년보다 훨씬 더 논리적이고 치밀하다. 분노청년은 저속하고 폭력적인 용어로 한국을 비난했으나, 소분홍은 논리적 근거를 제시한다. 이를테면 김치가 중국에서 기원했다는 예로 《시경》에 나오는 저菹라는 음식을 든다. 바이두에서는 김치를 중국 파오차이의 한 유형으로 설명해 김치가 파오차이에 속함을 은연중 드러낸다. 소분홍은 명나라 시기 여성 복식인 오군襖裙이 여성 한복의 원형이며, 조선 왕실은 명나라가 하사한 관복을 입었다고 주장한다.

"명나라가 조선에 관복을 하사한 것은 조선 왕실의 책봉과 결합해 명과 조선의 조공 번속 관계를 보여 주는 중요한 상징이었다."[143]

중국 네티즌이 여성 한복의 명나라 기원설을 주장하고, 조선 관복이 명나라에서 하사한 것임을 주장하는 것은 명나라와 조선의 번속 관계를 상기시키기 위한 것이다. 바이두에서는 한복을 중국 조선족 복식이라 설명해 한국과의 연계성을 차단하고 있다.

그렇다면 소분홍을 의식적 오독으로 이끈 힘은 무엇인가? 그동안 한중 간 문화 갈등은 민족주의가 강한 두 나라가 전통문화의 주권 문제와 전통문화의 산업화 과정에서 첨예화된 측면이 있다. 그러나 최근 새롭게 등장한 문화 갈등은 중국 내 문화 정책 변화와 관련이 있다. 2012년 18대 당 대회 이후 시진핑 주석은 '중화 우수 전통문화'의 전승과 확대 발전을 고도로 중시하고 관련 정책을 실시하고 있다. 이 정책의 핵심은 '우수한 중화의 전통문화로 서구 문화를 배척하자'라는 것이다.

2
시진핑 주석의 문화 자신

서양 민족주의가 자유와 평등, 국민 주권, 국민 참여와 같은 근대성에 기반한 공공 문화를 강조한다면 동양은 민족을 역사, 문화적 공동체로 인식하고 혈통이나 문화를 중시한다. 한국은 혈통을 중심으로 단일 민족 국가임을 강조한다. 중국이 문화를 강조하는 이유는 다민족 국가라는 특수한 상황과 관련 있다. 중국은 한족을 비롯한 56개 민족으로 구성되어 있으므로, 한족만을 내세운 혈통 민족주의를 강조하기 어렵다.

중국에서 문화 민족주의를 강조한 것은 근대 시기로 거슬러 올라갈 수 있다. 민족 국가를 성립하는 데 소수 민족을 포함할 것인가 하는 문제를 두고 청 말 지식인은 두 그룹으로 나뉘었다. 개량파는 한족 이외의 소수 민족을 포함하는 문화 민족주의를 주장했는데, 대표적인 학자로는 캉유웨이康有爲와 량치차오梁啓超가 있다. 량치차오는 혈통보다는 문화를 중심으로 민족을 규정하자고 했다. 혁명파는 만주인과 한족은 피가 다르다며 소수 민족을 배제한 한족 중심의

종족 민족주의를 주장했다. 대표적인 학자로는 쑨중산, 장타이옌章太
炎, 류스페이劉師培, 쩌우룽鄒容 등이 있다. 종족 민족주의자들은 황제
를 조상으로 한족을 단합해 근대 민족을 형성하고자 했다. 쑨중산은
신해혁명 이후 실제적인 필요에 따라 다른 민족을 포함해 대민족大
民族을 형성하는 방향으로 전환했는데, 이를 중화민족이라 부른다.

　　이후 중국에서 문화는 중국 사회의 변혁을 요구하는 사회 운
동이 일어날 때마다 핵심 주제가 됐다. 1919년 5·4 신문화 운동,
1966년에서 1976년까지 계속된 문화대혁명, 1980년대 전반서화론
은 모두 문화를 키워드로 중국 사회를 개혁하자고 주장했다. 이들
문화 운동은 모두 서구의 사상과 문화로 중국 전통 사상과 문화를
비판하고 개조하자는 것이다. 다만 다른 문화 운동이 서구 자본주
의, 민주주의, 과학 문명의 수용을 주장한 데 반해 문화대혁명은 사
회주의 문화로 중국을 개조하자고 했다.

　　중국에서 문화 논쟁은 단순히 문화의 옳고 그름에 관한 판단이
아니다.

　　"중국에서는 5·4 시대 이후 혁명 투쟁의 첨예화와 마르크스주
의—레닌주의의 중국화에 따라 사회 비판은 점차 정치 투쟁의 무기
로 빠져버렸고, 문화 비판도 이데올로기 투쟁으로 바뀌었다."144

　　현재까지도 중국에서 문화 운동은 단순한 문화 논쟁이 아니라
이데올로기 투쟁이며, 정치 투쟁의 성격이 강하다.

　　1990년대 이후 서구 문화는 중국 사회에 심대한 영향을 주었
다. 2004년 단오 논쟁 이후 중국 정부는 자국의 문화유산을 보호하
는 여러 가지 정책을 실시했다. 특히 적극적으로 무형문화유산을 보

호하는 정책을 실시해 비물질문화非物質文化라는 이름으로 많은 전통 문화를 문화유산에 등재했다.

2010년 이전 중국의 전통문화 정책은 위기에 처한 문화유산을 보호하는 데 중점을 두었다. 그러나 2011년 이후에는 보호에서 건설로 방향을 전환했다. 처음 '사회주의 문화 강국 건설'이 당 문건에 등장한 것은 2011년 10월 개최된 17기 6중 전회중국 공산당 제17기 중앙위원회 제6차 전체 회의에서다. 반드시 중국 특색 사회주의 길을 견지할 것을 전제로 '중국 전통문화 자원을 발굴하고 사회주의 선진 문화와 혁명 문화를 발전시켜 사회주의 문화 강국을 건설하는 것을 전략적 목표'로 제시했다. 표면적인 모습은 서구 자본주의 문화에 경도된 중국 사회를 사회주의 문화로 되돌리겠다는 것으로 보인다. 그러나 중국에서 문화 운동은 이데올로기 투쟁적 성격이 강하다는 점을 상기한다면 또 다른 정치 운동이 시작됐음을 감지할 수 있다.

시진핑 주석도 2012년 개최한 18대 당 대회 이래 '문화 건설'을 강조하고 있다. 시 주석은 이렇게 강조한다.

"중국은 '문화 자신文化 自信'을 확고히 하고 '사회주의 문화 강국'을 건설하여 중화민족의 위대한 부흥을 실현해야 한다."

시 주석은 문화 자신과 문화 강국에 대한 견해를 강연을 통해 여러 차례 표명했다.

2016년 시 주석은 중국 공산당 성립 95주년 기념 강연을 통해 '문화 자신'을 당의 주요 문건에 첨가했다. 이로써 '문화 자신'은 중국 특색 사회주의의 정신적 표지로 확정됐다. 시 주석은 이 강연에서 말했다.

"중국 특색 사회주의 길에 대한 자신, 이론 자신, 제도 자신, 문화 자신을 가져야 한다. 네 가지 자신 중 가장 중요한 것은 문화 자신이다. 문화 자신은 전통문화, 혁명 문화, 사회주의 문화를 포괄한다."[145]

문화 자신은 전통문화를 포함한다고 하지만 사실 문화 자신의 본질은 중국 특색 사회주의 문화에 대한 자신을 말한다.[146]

2017년 강연에서 시 주석은 다시 한번 문화 자신을 강조했다.

"문화가 흥하면 국가도 흥하고, 문화가 강하면 민족도 강하다. 고도의 문화 자신이 없고, 문화가 번영하지 않으면 중화민족의 위대한 부흥은 없다."[147]

2020년 10월 19기 5중 전회중국 공산당 제19기 중앙위원회 제5차 전체 회의에서는 사회주의 문화 강국 건설 시점을 명확히 제시했다.[148] 문건에 따르면, 마르크스주의 이데올로기, 중국 특색 사회주의 문화에 대한 자신, 사회주의 핵심 가치관으로 사회주의 정신문명 건설을 2035년 완성할 것이라고 한다.

3
애국주의 투사가 된 한류 팬

앞에서 중국 정부가 전통문화 교육을 실시한 이유는 중국 내 민주주의 사상이 싹트는 것을 막기 위해서임을 밝혔다. 중국에서는 톈안먼 사건 이후 전통문화 교육을 실시했는데, 시진핑 정부 이후 더욱 강화되었다. 시진핑 정부에서 전통문화 교육을 강화한 이유는 문화허무주의가 범람해 정권이 무너지는 것을 막기 위해서다. 기존의 문화대혁명이 사회주의 문화대혁명이었다면, 지금은 중화주의 문화대혁명이라 할 수 있다.

중화주의 문화대혁명을 이끌어 가는 소분홍의 핵심은 크게 두 그룹으로 구성돼 있다. 한 그룹은 본래 케이팝 팬이었던 이들이고, 다른 그룹은 2015년 중국 정부에서 조직한 청년 인터넷 문명 지원자青年網絡文明志愿者다. 이들 외에 기존 분노청년처럼 자발적으로 참여하는 일반인도 있을 것으로 예상하지만, 인터넷상에서 여론을 주도하는 이들은 두 그룹이다.

케이팝 팬들이 '오빠'를 배반하고 인터넷 애국주의 전사로 거듭난 데는 2016년 사드 사건이 있다. 2016년 한국 정부는 사드를 상주에 배치하기로 했다. 한중 양국의 정치적 상황 악화로 케이팝 팬들은 '오빠'와 조국 중 하나를 선택해야 하는 곤란한 상황에 몰렸다. 사드 배치는 중국에서 국가 안전과 관련된 문제로 인식되기 때문에 케이팝 팬은 조국을 선택하지 않으면 매국노로 고립돼 중국 사회 전체와 싸워야 하는 상황이 됐다. 중국 정부가 공식적으로 한한령을 내린 것은 아니었지만, 2016년 하반기부터 중국 방송에서 한국 연예인, 드라마, 케이팝 등이 사라져 케이팝 팬의 입지는 더욱 좁아졌다.

2008년부터 2015년까지 케이팝 팬은 애국주의 집단으로부터 매국노, 문화 침략에 투항한 자, 서양의 화평연변이 성공한 예라고 공격을 받았다. 케이팝 팬과 반한류 민족주의자 사이 관계는 매우 긴장돼 작은 일에도 충돌했다.[149] 2008년 동방신기와 2010년 슈퍼주니어 팬들에 대한 분노청년 집단의 공격과 2013년 케이팝 팬과 애국주의 축구 팬이 바이두 계정에서 싸운 사건이 대표적이다.

이후 '국가 앞에 아이돌 없다', '국가가 진정한 아이돌이다'라는 구호가 등장하고, 팬덤 민족주의가 등장했다. 소분홍이 각국 인터넷 사이트를 공격할 때면 관영 매체인 《런민일보》가 지지했기 때문에 정부로부터 인정받을 것으로 생각해 더욱 적극적으로 변했다. 2020년 말에는 《환치우시보》가 〈한국 연예계는 왜 항상 중국을 못마땅해하는가?〉라는 기사를 내보냈다. 기사에 의하면, 〈런닝맨〉 등 TV 프로그램에서 연예인이 중국인을 우습게 표현하거나 중국을 부정적으로 표현하는데 이는 중국을 존중하지 않는 것이라고 했다. 이

소분홍의 애국 이모티콘

보도는 일석이조를 노린 것으로 보인다. 하나는 한류를 저지해 문화 산업 경쟁에서 우위를 확보하는 것이고, 다른 하나는 케이팝 팬이 이탈해 애국주의 전선에 합류하도록 유도하는 것이다.

케이팝 팬은 최종적으로 '중국'이라는 새로운 아이돌을 갖게 됐다. 위의 첫 번째 그림을 보면 중국 국기에 둘러싸인 한 남자가 손으로 붉은 하트를 만들어 보이고 있다. 이 남자의 위쪽에는 '아중阿中 14억 중국인은 모두 당신을 사랑해용'이라고 쓰여 있다. 두 번째 그림은 소분홍이 중국을 업고 있는데 중국은 업어서 키워야 하는 자신의 아이라는 뜻이다. 아래쪽에는 '누구도 중국을 무시할 수 없다'라고 쓰여 있다.

두 개의 이모티콘에 등장하는 아중과 izhong은 같은 뜻으로, 중국을 사랑하는 팬클럽 이름이다. 2019년 8월 《런민일보》는 '#우리는 모두 아중阿中이라는 이름의 아이돌이 있다我們都有一个爱豆名字叫阿中#'라는 해시태그를 올렸다. 이때 일부 사람들은 팬덤 형식으로 자신을 izhong이라 불렀는데, 이로부터 중국을 지극히 사랑하는 팬클럽이 시작됐다.

'i'는 영어의 '나'라는 뜻으로, 발음이 중국어 '愛$_{ai}$'와 유사하다. 따라서 i는 '나'와 '사랑한다'라는 이중적 의미를 담고 있다. 'zhong'은 中國의 '中'의 영문 발음이다. 중국에서는 자신이 좋아하는 연예인 이름 앞에 i를 붙여 팬클럽 이름을 만든다. i+zhong은 중국을 사랑하는 팬클럽이다. 아중이나 izhong의 뜻은 '나는 중국을 사랑한다'이다. 이 팬클럽 여성 회원들은 중국을 '아중 오빠'라고 부른다.

마지막 그림은 《런민일보》 해시태그를 소분홍이 리트윗한 이모티콘이다. '나는 중국을 사랑한다'라는 말이 쓰여 있고 그 주변을 하트가 감싸고 있다.

케이팝 팬 출신은 한국 뉴스나 인터넷상 게시글, 연예인의 소셜 미디어에 익숙하므로 한국에 관한 각종 정보를 전하는 역할을 하게 됐고, 공격 대상도 더욱 풍부해졌다. 2021년 5월에는 웨이보가 플랫폼상의 '비이성적 아이돌 응원 문화'에 대한 단속에 나섰다. 관영 매체 《글로벌 타임스》는 '비이성적으로 아이돌을 응원한 계정' 10개에 대해 관련 게시물을 삭제하고 30일간 게시글을 쓸 수 없도록 했다고 보도했다. 이들 비이성적인 계정에는 방탄소년단과 엑소$_{EXO}$ 등 한국 아이돌 그룹 계정이 포함돼 있다.

4
시진핑 주석의 친위대
'청년 인터넷 문명 지원자'

소분홍의 또 다른 그룹인 청년 인터넷 문명 지원자는 중국 정부가 2015년 조직한 친정부 인터넷 부대다. 2014년 11월, 공산당 청년 조직인 공산주의청년단, 약칭 공청단 중앙共靑團中央은 〈깨끗한 인터넷, 청년의 파워淸朗網絡絡, 靑年力量〉를 발표하고 〈청년 인터넷 문명 지원자 행동靑年網絡文明志愿者行動〉을 제안했다. 공청단 출신으로 대표적인 인물은 후진타오 주석이 있다. 2015년 초 공청단중앙은 〈청년 인터넷 문명 지원자 행동에 관한 통지關于推進靑年網絡文明志愿行動的通知〉를 발표하고, 인터넷 여론장에 백만 명에 이르는 청년 지원자를 조직했다.[150] 지원자는 우리말로 자원봉사자를 의미하며, 청년 인터넷 문명 지원자는 '문명적인 인터넷 환경을 만드는 자원봉사자'라는 뜻이다. "공청단 중앙은 시진핑 총서기의 중요한 지시와 정신을 관철하기 위해 공청단원과 우수한 청년들을 광범위하게 동원해 인터넷에서 '청년의 올바른 목소리靑年好聲音'로 깨끗한 사이버 공간을 건설하겠다"라는 내용을 담고 있다.

문건의 내용에 의하면 청년 인터넷 문명 지원자는 공청단 사이버 홍보 실무진의 중요한 구성 요소이며, 연대 조직으로 당의 요구를 관철하고 새로운 상황에서 조력 및 예비군 역할을 하는 집단이라고 한다.

청년 인터넷 문명 지원자는 전문적인 '인터넷 댓글부대'라는 점에서 2000년대 활동한 우마오五毛와 유사한 점이 있다. 우마오는 중국 돈 우마오五毛, 한국 돈으로 100원 정도를 받고 정부에 유리한 댓글을 단 댓글부대를 말한다. 청년 인터넷 문명 지원자는 돈을 받지 않는다는 점에서 우마오와 차이가 있다. 2010년대 초중반 활동한 자간오自干五와도 유사점이 있지만, 자간오는 자발적으로 시작하고, 공산당 관리와 가족 중심이라는 점에서 차이가 있다. 청년 인터넷 문명 지원자는 중국 정부가 직접 조직했다는 점에서 홍위병과 유사한 측면이 있다. 홍위병이 중고등학생을 중심으로 조직한 마오쩌둥 친위대라면, 청년 인터넷 문명 지원자는 대학생 중심의 시진핑 주석 친위대라 할 수 있다.

청년 인터넷 문명 지원자의 핵심은 대학생이다. 문건에 의하면 "각 대학은 청년 인터넷 문명 지원자를 학생 총수의 20%보다 적게 모집해서는 안 된다"라고 명시했다. 즉 학생 전체의 20% 이상을 참여시키라는 것이다. 대학에서는 대학 공청단 위원회를 핵심으로 분과 공청단 위원회, 공청단 지부, 일반 지원자로 조직을 구성했다.[151] 조직 관리는 대학 내 공산당위원회 선전부가 담당하고, 전체 관리는 수지書記가 책임진다.[152] 수지는 중국 대학에서 공산당 계통의 실무를 담당하는 이로, 총장에 해당하는 샤오장校長과 함께 최고 책임자다. 따라서 청년 인터넷 문명 지원자는 대학 내 공청단이 조직하고 관리하는 집단이라 할 수 있다.

청년 인터넷 문명 지원자의 주요 업무는 폭력적이거나 성적인 표현 등 건전하지 않은 정보를 걸러내어 네티즌에게 문명적이고 건강한 인터넷 환경을 제공하는 것이다.[153] 그러나 이들의 실제 업무는 역사 허무주의와 문화 허무주의 관련 글들을 찾아 공격하고 애국주의 내용을 인터넷에 올리는 것이다. 대학에서는 이들에게 마르크스주의 이론 학습, 사회주의 핵심 가치관 실천, 홍색 유전자 전승, 우수한 전통 미덕의 선전에 대한 교육 등을 실시하고 있다.[154]

난징차이징 대학南京財經大學에서 제작한 〈만화로 이해하는 청년 인터넷 문명 지원자〉[155]를 통해 그들의 활동 면모를 엿볼 수 있다.

만화를 보면 지원자는 인터넷상의 잘못된 정보를 배격하고 깨끗한 인터넷 환경을 수립하는 역할을 하는 것으로 보인다. 인터넷에서 문명적인 표현을 사용하자고 하는데, 이는 이전 분노청년이 저속하고 폭력적인 표현으로 비판을 받았기 때문이다. 지원자는 비문명적인 글을 배격할 뿐만 아니라 애국적인 글을 직접 써서 올려야 하고, 정기적인 모임을 통해 정보도 교류하고 있다.

2018년 공청단 중국 스여우 대학 화동위원회共青團中國石油大學華東委員會에서 작성한 〈청년 인터넷 문명 지원자 대오의 광범위한 조직과 인터넷 문명 지원 활동의 심층적 추진에 관한 통지關于廣泛組建青年網絡文明志愿者隊伍, 深入推進青年網絡文明志愿行動的通知〉를 통해 인터넷 문명 지원자의 활동을 좀 더 구체적으로 알 수 있다. 이 문건에 의하면 지원자는 중앙 언론이나 기타 관영 유력 매체의 글에 적극적인 관심을 두

〈만화로 이해하는 청년 인터넷 문명 지원자〉

1. 부정적인 내용은 비판하고, 깨끗한 인터넷 환경 수립하자

2. 정보의 옳고 그름을 밝히고, 불명확한 정보는 교류하지 말자

3. 청년 인터넷 문명 지원자에 참여해 미래를 창조하자

4. 주변 상황을 바로 인터넷에 올리자

5. 학교 활동에 적극적으로 참여하자

고 리트윗하고, 인터넷 플랫폼에 맞춤형 댓글, 메시지, 논평을 달아 인터넷 여론을 적극적으로 유도해야 한다.

지원자가 해야 하는 구체적인 업무량도 제시되어 있다. 매일 공청단 중앙, 공청단 성省위원회, 대학 내 공청단 위원회에 관한 우수한 글을 최소 3편 이상 QQ 공간, 위챗 친구 등의 플랫폼에 올려야 한다. 매달 긍정적인 글을 써서 웨이보, 위챗, QQ 공간에 적어도 5편을 올려야 한다. 그리고 매달 인터넷 문명과 관련 주제에 댓글이나 메시지를 달고 내용을 리트윗하며, 문명적이지 않은 것은 주동적으로 반박하고, 적극적으로 보고하는데 적어도 10건 이상 해야 한다.

| 스여우 대학 지원자들의 활동 요구 사항

기간	내용	횟수
매일	중국 관영 언론과 공청단 중앙이 발표한 중요한 글 리트윗	3회 이상
매달	긍정적인 글 작성	5편 이상
매달	댓글 달기	10회 이상
매달	부정적인 글 반박	10회 이상
매달	부정적인 글 신고	10회 이상

소분홍이 고학력자가 많은 것은 지원자를 대학생 중심으로 조직했기 때문이다. 2019년 연구에서는 소분홍의 학력이 석사 이상이 35.71%, 대학 졸업이 37.14%, 전문대가 17.14%, 고등학교 졸업이 8.57%, 중학교 졸업이 1.43%이며, 초등학교 졸업자는 없다[156]고 한

다. 전문대 이상 졸업자가 전체의 89.99%를 차지한다. 이들은 전문 지식이 많으므로 공격 대상의 선정과 공격 방식에서 더욱 치밀하고 공세적이다.

소분홍 집단에 관한 연구를 보면 서로 다른 두 가지 주장이 있다. 하나는 주로 여성으로 한류 팬이거나 일본 문화 팬이었다고 한다. 다른 하나는 남성과 고학력자가 많다고 한다. 이와 같은 결과는 시기와 연구 대상 집단의 차이 때문인 것으로 보이지만, 결국 소분홍이 한류 팬과 청년 인터넷 문명 지원자 그룹을 중심으로 형성된 것임을 말한다.

소분홍은 정부가 학생을 대상으로 조직했다는 점에서 홍위병과 유사한 점이 있다. 홍위병의 사상적 무기가 사회주의 계급 투쟁론이었다면, 소분홍의 사상적 무기는 '중화 우수 전통문화'다. 따라서 주공격 대상도 달라졌다. 홍위병은 자본가를 공격했고 소분홍은 중국을 제외한 자본주의 국가들을 공격하고 있다. 소분홍은 인터넷에서 중국이나 중국 정부에 부정적인 글을 찾아내고 비판할 뿐만 아니라 중국이나 중국 정부를 옹호하는 글을 작성해 인터넷에 올린다. 시진핑 정부의 문화 정책은 소분홍이 이행해야 하는 중요 임무이기 때문에 한국 문화의 중국 기원론이 대량 유포되게 됐다. 한류 팬의 참여로 한국에 대한 문화 전쟁 대오는 더욱 강력해졌다.

8

문화를 읽는 방법

1
중화주의가 전파론을 만났을 때

전파론은 진화론의 대안으로 등장했으며, 19세기 말부터 20세기 초 유럽과 미국에서 유행했다. 전파론에서는 문화 간 유사성을 역사적 접촉에 의한 전파의 결과라고 한다. 따라서 문화를 중심부와 주변부로 나누고, 중심부 문화가 동심원을 그리며 확산해 주변 문화에 영향을 주었다고 한다. 전파론자는 중심부는 문화의 창조자이며, 주변부는 문화의 창조 능력이 모자란 채 중심부의 영향 속에서만 문화를 생성할 수 있다는 관점을 가지고 있다.

전파론에는 독일과 오스트리아의 문화권설文化圈說, 영국의 태양 거석 문화설, 미국 인류학자 보아스Franz Boas의 역사주의 등 여러 학파가 있으나, 문화 요소의 공간적 분포 상태를 중요시하고 그것으로부터 역사를 읽고 이해하려 한다는 점에서 공통적이다. 영국의 태양 거석 문화설은 해부학자 스미스Grafton Elliot Smith가 제창하고 고고학자 페리William James Perry가 발전시킨 것으로, 고대 이집트는 세계 문명의 원천이며, 이집트의 농업, 수학, 기술, 정치 등 발달한 문화가

지중해를 거쳐 전 세계로 퍼졌다고 주장한다.

전파론은 두 가지를 전제로 한다. 하나는 일원론적 문화 발생론이다. 이들은 같은 문화는 모두 하나의 근원을 가지고 있으며, 한 지역에서 발생해 다른 곳으로 전파됐다고 생각한다. 다른 하나는 서구의 자문화 우월주의다. 전파론자들은 서구 문화와 유사한 문화가 다른 문화에서 발견되면 서구 문화가 전파된 결과라고 한다. 따라서 선진적인 문화 창조는 서구에 의해서만 가능하며, 기타 지역은 서구 문화를 모방했을 뿐이라고 한다. 전파론의 이러한 입장은 문화 상대주의로 비판됐다.

전파론은 서구의 근대화 과정과 식민화 역사를 정당화하는 도구로 사용됐다. 문화의 전파는 수준이 높은 곳에서 낮은 곳으로 진행된다고 보기 때문에 다른 문화에서 자신들의 문화와 유사한 점이 발견되면 수준 높은 자문화의 영향이라고 한다. 전파론에는 문화 중심은 선진국이고 문화의 영향을 받은 국가는 후진국이라는 식민주의적 문화 편견이 담겨 있다. 이러한 측면에서 볼 때 전파론은 기본적으로 제국주의적이며 인종주의적이다.

서구 문화의 우월성을 강조하고자 시작된 전파론은 18세기 말에서 19세기 초 중국을 침략하는 서구 열강의 이론적 무기가 됐다. 서양 학자들은 한자가 이집트 상형문자 또는 바빌론 설형문자에서 기원했으며 중국의 역법도 바빌론에서 기원했다고 했다. 스웨덴 고고학자 안데르손Johan Gunnar Andersson은 1921년 허난성 양샤오촌仰韶村에서 발견된 채도彩陶를 근거로 중국 채도가 서방에서 기원했다고 주장했다. 서양학자들은 중국에 석기 시대가 없었으며, 중국 문화는 서양 문화의 영향을 받아 형성된 것으로 중국은 스스로 문화를 창조할 능력이 부족했다고 했다.

이와 같은 서양 문화 전래설을 부정하고자 중국은 신중국 성립 이후 대대적인 고고학 조사를 하고 새로운 고고학 이론 체계를 정립했다. 중국 고고학계는 중국 문명의 본토 기원설과 '중원 중심의 일원적 발전론'을 주장했다. 본토 기원설은 중국 문명이 외래문화의 영향을 받지 않고 중국 본토에서 창조됐다는 입장이다. 중원 중심의 일원적 발전론은 황하 중류 지역이 화하 문명華夏文明, 한족의 조상인 화하족이 건립한 문화의 중심지이며, 주변 지역은 화하 문명의 지방 형태라고 한다. 이와 같이 황하 중류 지역이 중국 문화의 발생지라는 관점을 황하 문명 중심론黃河文明中心論이라 한다.

황하 문명 중심론은 황하 중상류 유역의 황하 문명이 가장 발달해 주변의 미개한 오랑캐들에게 영향을 주어 개화할 수 있었다는 주장이다. 황하 문명 중심론은 전통의 화이유별華夷有別 관념과 결합해 황하 중류의 화하 문화는 문명이고, 주변은 야만이라는 도식적인 결론을 내렸다. 화이유별은 '화하와 이적은 구분이 있다'라는 것으로, 화하는 문명을 대표하고 이적은 야만을 대표한다. 화하의 문화 창조성은 인정하나 이적의 창조성은 부정한다.

황하 문명 중심론을 가장 잘 대변하는 학자는 베이징 대학 교수인 옌원밍嚴文明[157]이다.

"중원은 황제와 염제, 간쑤성甘肅省과 칭하이성靑海省 동북부의 문화는 융강戎羌, 산둥 지역은 태호와 소호, 창강 중류는 삼묘, 창강 하류는 고대 월족이 거주했는데 중원은 꽃술이고 주변 지역은 꽃잎으로 전체 중국 신석기 문화는 겹쳐져 있는 거대한 꽃과 같다."

옌원밍의 이러한 견해는 그야말로 중화, 즉 중국이 세상의 중심에 있는 꽃이라는 견해의 결정판이라 할 수 있다.

쑤빙치蘇秉琦는 고고 발굴을 통해 일원적 발전론으로 설명이 불가능한 부분을 발견했고 다민족 국가라는 중국 현실에 기반해 다원일체론多元一體論을 주장했다. 다원일체론은 '중국 내 고고 문화는 다양한 기원이 있지만 중화민족으로 일체화됐다'라는 것으로, 쑤빙치역시 화하족 중심의 일원적 발전론에서 크게 벗어나지는 못했다.

그러나 중국 내 신석기 시대 고고 유적은 비슷한 시기에 비슷한 정도의 발전을 보여 황하가 모든 문명의 중심이라는 황하 문명 중심론은 성립하기 어렵다. 황하 하류의 다원커우大汶口 문화와 룽산龍山 문화, 랴오닝과 내몽골 일대의 홍산紅山 문화, 창강 하류의 허무두河姆渡 문화와 량주良渚 문화는 중원의 양샤오 문화에 견주어 전혀 손색이 없으며 분야별로는 양샤오 문화를 초월하기도 했다.

이들 문화는 문화적 특색이 뚜렷해 서로 다른 집단이 창조했음을 알 수 있다. 홍산 문화는 옥기玉器 문화가 발달했으며, 동아시아 각 지역에 영향을 주었다. 양샤오 문화는 채도와 각획刻劃문자가 발달했으며 물고기 토템을 가지고 있었다. 다원커우 문화는 기원전 3,500년이 넘어가면 양샤오 문화를 초월하며, 당시 도기陶器 제작은 중국에서 가장 발달했다. 이들은 동이족으로 새 토템을 가지고 있었다.

창강 중류 지역은 세계에서 가장 먼저 도작이 시작된 곳이다. 다시大溪 문화 청터우산城頭山 유적에서는 중국에서 가장 오래된 고성

古城이 발견됐는데, 기원전 4천 년 전이라고 한다. 고성은 초기 국가 단계에 진입했음을 증명하는 중요한 증거이므로 고성 유적 역시 중요하다. 창강 하류의 허무두 문화는 태양조 숭배, 고상식 건축, 실크 제작, 농기구 제작 기술이 발달해 독특한 특징을 보여 준다. 량주 문화는 무덤에 수장된 대량의 정교한 옥기로 보아 상당한 문화 수준에 도달했음을 알 수 있다.

중국의 신석기 문화는 지역에 따라 문화적 차이가 크며, 서로 간 교류뿐만 아니라 각 지역에서 독자적인 창조도 상당 부분 있었던 것으로 보인다. 따라서 각 지역의 신석기 문화가 황하 중류 일대 양샤오 문화의 영향으로 형성됐다고 보기 어렵다.

중국은 자국의 고고 문화뿐만 아니라 주변국의 문화도 전파론적 입장에서 해석한다. 화하를 중심으로 한 사방의 오랑캐, 즉 동이, 서융, 남만, 북적은 모두 화하 문명의 세례를 받아 야만에서 벗어날 수 있었다고 한다. 최근 김치나 한복이 중국에서 기원했다고 주장하는 것이 대표적인 예라 할 수 있다.

일반적으로 문화 연구자들은 고유문화라는 용어의 사용을 꺼리는데, 그 이유는 문화에 교류를 통해 형성된다는 속성이 있기 때문이다. 중국 연구자들은 문화 발명권이라는 용어를 종종 사용하는데 문화는 교류를 통해 만들어지기 때문에 발명권자라는 말은 존재할 수 없다. 사실 한 문화의 기원을 밝힌다는 것은 거의 불가능한 일이다. 현재로선 특정 문화가 인류의 태초 시기, 누구에 의해 처음 시작됐는지 명확하게 밝힐 방법이 없다.

놀랍게도 중국은 서구 열강이 중국 침략의 첨병으로 삼았던 전파론적 관점을 한족 이외의 자국 문화와 다른 나라의 문화를 해석하는 데 그대로 적용했다. 이미 퇴물이 되어 역사에서 사라진 지 100년이 지난 전파론이란 유물을 다시 꺼내 든 것이다.

2
중국의 달에는 토끼와
두꺼비가 산다

전파론적 시각에서 볼 때 중국 문화는 문화의 발명자로 인식되기 때문에 많은 문화가 중국 문화에서 기원한 것으로 오인된다. 중심 문화의 문화 변동이나 발전은 전파에 의한 것이 아니고 모두 그 문화 집단 내부의 역사적, 사회적 요인에 의한 독자적인 창의라고 보는데 실제로 그러한가 의문이 든다.

　　유라시아 대륙 동쪽에 있는 중국은 초원의 길, 실크로드, 티로드, 바닷길, 서남 실크로드를 통해 외부 세계와 교류했다. 초원의 길은 내륙의 초원 지대를 통해 몽골고원과 흑해 연안을 연결한 길로, 유목민에 의해 가장 먼저 형성됐다. 실크로드는 중국 시안西安에서 로마를 잇는 길로, 한나라 때 시작돼 당나라 때 전성기를 이뤘다. 서남 실크로드는 쓰촨성四川省의 비단을 윈난성과 미얀마를 거쳐 인도로 운반한 길을 말하는데, 이 길은 중앙아시아를 지나 서유럽에 이른다. 서남 실크로드는 실크로드보다 이른 시기인 기원전 5~6세기경 이미 존재했으며, 이 길을 통해 중국 남부에 인도 문화가 들어왔다. 티로드는 윈난성 또는 쓰촨성에서 티베트를 거쳐 인도에 이르는 길로, 윈난 푸얼普洱 지역에서 생산된 푸얼차를 티베트 지역으로 운반했기 때문에 차마고도茶馬古道라고도 한다. 차마고도는 말로 차를 운반한 옛길이라는 뜻이다.

당나라 시기 안사의 난으로 서북 육로가 막히자 해양 실크로드가 발달했다. 해양 실크로드는 중국 남부 해안 지역에서 동남아시아와 믈라카 해협을 거쳐 인도양과 페르시아만에 이르는 해상 교역로다. 실크로드를 통한 중국의 주요 수출품은 비단인 데 반해 해양 실크로드는 도자기 수출이 중심이었기 때문에 '도자기 로드'라고도 한다.

중국 문화는 위와 같은 다양한 '로드'를 통해 신석기 시대부터 외부 문화와 교류했다. 현재 중국 신석기 문화와 외부 문화의 교류에 관한 연구는 본격적으로 이루어지지 않은 상태로, 구체적인 교류 양상을 파악하기는 어렵다. 앞에서 언급한 안데르손은 양샤오 문화의 채도가 카자흐스탄, 투르키스탄의 아나우Anau 유적의 채도와 유사한 점을 들어 서방 기원설을 주장한 바 있다. 현재 두 지역 간의 교류 가능성이 크지만, 중국 채도가 영향받은 것인지 확실한 결론은 없다.

홍산 문화에서 출토된 여성의 나상도 서양 문화와 관련성이 제기된다. 이들 나상은 가슴과 엉덩이가 지나치게 강조되고 임신한 형상을 했는데, 팔과 다리가 잘린 형태이므로 비너스상이라고도 한다. 중국에서는 홍산 문화 둥산쭈이東山嘴에서 처음으로 발견됐다. 이러한 종류의 나상은 일찍이 독일의 구석기 유적인 빌렌도르프에서 발

홍산 문화 비너스 둥산쭈이 유적 출토. 랴오닝성 박물관 소장

예뎬 유적에서 출토된 다원커우 문화의 도고 산둥성 박물관 소장. 필자 촬영

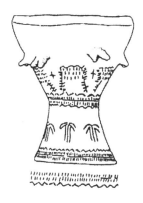

독일 뢰센 유적에서 발견된 도고[158]

견된 바 있다.

간쑤성 경내의 양샤오 문화, 창산常山 문화, 마자야오馬家窯 문화, 반산半山 문화, 마창馬廠 문화에서는 중국에서 가장 이른 시기에 제작된 가장 많은 양의 도고陶鼓, 도기로 만든 북가 발견됐다. 기물 위쪽에 난 돌기는 가죽을 씌우기 위한 걸쇠이고, 배 부분의 구멍은 악기의 공명을 위해 낸 구멍이다. 도고는 황하 중류의 양샤오 문화와 산둥성

일대의 다윈커우 문화에서도 발견된다.

그런데 다윈커우 문화보다 이른 시기 유럽에서 도고가 발견됐다. 기원전 4,500년에 시작한, '유럽의 비커 문화Funnelnecked Beaker'라고도 일컬어지는 TRB 문화 고고학 유적에서 발견됐는데, 독일에서만 60개가 넘게 발견됐다. 특히 독일 뢰센Rossen 유적에서 발견된 것은 한 방향에 하나씩 네 쌍의 불룩하게 튀어나온 돌기가 있는데 북의 가죽을 붙이고 팽팽하게 조여 주는 실용적인 기능이 있다.[159]

중국에서 청동기의 출현은 서아시아나 이집트보다 매우 늦기 때문에 많은 학자가 중국 청동기가 서아시아에서 전파됐다고 생각한다. 기원전 8천 년 전 서아시아 이라크 유적에서 자연 청동으로 만든 장식품이 나왔다. 중국에서 가장 이른 제련 청동물은 기원전 4,700년경 유적인 산시성陝西省 린둥장채臨潼姜寨 양샤오 문화 유적에서 출토됐다. 거주지에서 황동 조각이 발견됐으나, 발굴 당시 발견된 것이 아니기 때문에 유물 연대에 의문을 제기하는 학자들이 있어 인정받지 못하고 있다. 또한 같은 시기 다른 유적에서 청동기가 발견된 예가 없어 양샤오 문화 시기의 것은 아닐 것으로 보고 있다.

중국에서 가장 이른 청동기 문화는 간쑤성에서 시작됐다. 초기 청동기는 마자야오 문화와 치자齊家 문화에서 많이 발견된다. 치자 문화에서는 중국에서 가장 이른 동경銅鏡이 발견됐다. 따라서 중국 학계에서는 중원의 청동기가 실크로드를 통해 중국으로 진입한 것으로 보고 있다. 실제로 초기 중국 청동기는 서부 간쑤성과 칭하이성 일대가 종류와 기물의 품격에 있어 뛰어나다. 간쑤성 쓰바四壩 문화 훠샤오거우火燒溝 유적에서 270여 개의 청동기가 발견됐는데 종류가 매우 많으며, 심지어는 다른 지역의 총수보다 많다. 간쑤성에서 발견된 초기 청동기는 300여 개로, 상나라 이전 청동기 총수의 80% 이상을 차지한다.

중국 문화의 틀을 형성한 문화는 상나라 문화와 초나라 문화다. 상 문화가 한나라 이전 중국 문화의 원형을 제공했다면, 초 문화는 한나라 이후 중국 문화의 원형을 제공했다. 유방은 초나라의 제후국이었던 한漢의 제후로 전국을 통일하고 원래 국명이었던 '한'을 국명으로 삼았다. 유방의 문화적 토대는 초 문화로, 초 문화는 한나라 문화 형성에 핵심적 역할을 했다. 따라서 초 문화에 대한 이해는 중국 문화를 이해하는 데 중요하다.

초나라는 중국 내 동이 문화, 상나라 문화, 주나라 문화, 량주 문화뿐만 아니라 서남 실크로드와 실크로드를 통해 메소포타미아, 그리스, 이집트, 인도 문화와 교류했다. 초나라는 적극적인 교류를 통해 중원 문화와는 차별되는 이국적이고 개성 있는 문화를 창조했다.

초나라 증후을묘曾侯乙墓에서 중동 구슬이 발견돼 중동과 교류가 있었음을 알 수 있다. 또한 진묘수鎭墓獸도 중동과의 교류를 설명하는 데 자주 인용된다. 진묘수는 시신의 머리 쪽에서 자주 발견되는데, 동물 얼굴, 사슴뿔, 방형의 받침으로 구성된 목각 조각품으로 혀를 내밀고 눈이 튀어나온 것이 특징이다. 주로 춘추에서 전국 시기 초나라 무덤에서 발견되는데 수백 건에 이른다. 가장 장관인 것은 강릉 톈싱관天星觀 1호묘에서 출토된 쌍두雙頭 진묘수다. 높이가 170센티미터이고 두 개의 머리는 곡형의 목과 연결되어 있다. 진묘수는 초 문화 중 가장 특징적인 목각 예술품 중 하나다.[160] 특히 창사長沙 초

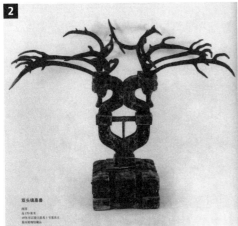

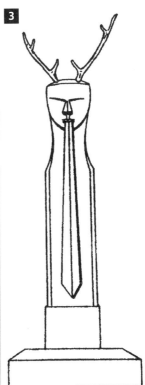

双头镇墓兽
战国
高 170 厘米
1978 年以随州市 1 号墓出土
随州博物馆藏品

---

1 증후을묘에서 발견된 중동 구슬 후베이성 박물관 소장. 필자 촬영

2 톈싱관 1호묘 출토 진묘수[161]

3 창사 출토 진묘수[162]

4 이탈리아 큐시 유적에서 출토된 고르곤 머리상[164]

5 후난성에서 출토된 고르곤 머리상[165]

나라 무덤에서 출토된 진묘수로 긴 혀를 과장되게 표현했다.

진묘수가 혀를 내밀고 있는 모습의 기원은 그리스 신화의 고르곤이나 메두사에서 찾을 수 있다. 고르곤은 머리털이 뱀이며 그 눈을 본 자는 돌로 변한다고 전해지는 세 자매 괴물이다. 혀를 내밀고 있는 고르곤의 모습은 기원전 1천 년경에 제작된 것이 남아 있다. 이탈리아 큐시Chiusi 유적에서 발견된 기원전 1천 년경 제작된 고르곤 머리상은 기원전 4~3세기경 후난성 유적에서 발견된 고르곤과 매우 유사하다.[163]

중동 문화가 초 문화에 영향을 주었지만, 그보다 더 많은 영향을 준 문화는 인도 문화다. 초나라 유적에서 인도 유리가 발견됐는데, 중국 학자들은 연구를 통해 초나라 문화가 인도 문화의 영향을 받았음을 밝혀냈다.

초나라의 애국 시인 굴원이 지은 《초사》 역시 인도의 영향을 받았다. 송나라 심괄沈括은 《몽계필담》에서 다음과 같이 말하며 북송 시기 이미 인도의 영향이 있었음을 지적했다.

> 《초사》〈초혼〉에서는 매 구의 끝에 '사些' 자를 쓰는데, 이는 초나라의 옛 습속으로 인도어 '살부가薩嚩訶' 세 글자를 합쳐 '사些'라고 쓴 것이다.[166]

진커무金克木 선생도 초나라의 초혼 의식이 인도와 관련이 있음을 지적했다.

"《초사》의 귀혼鬼魂과 관련된 내용을 《베다》 내용과 비교하면,

《베다》제58수와 매우 유사하다. 모두 멀리 있는 사방, 위아래 혹은 자연계의 하늘, 산, 바다 등에서 혼을 불러온다. 《베다》와 〈초혼〉은 시간상 차이는 있으나 풍속, 사상에 있어 서로 통한다. 반대로 초나라의 초혼 습속은 중원과 서로 통하지 않는다. 《시경》, 《서경》, 《역경》에는 모두 이러한 내용이 없다. 중국의 초 문화는 인도 동부 또는 남부 연해 문화와 교류가 있었을 가능성이 있다."[167]

인도의 베다 경전은 《초사》보다 1,500년 이르다.

굴원의 《초사》〈천문〉 편에 등장하는 토끼도 사실 인도 문화와 관련이 있다. 〈천문〉에는 '달은 도대체 무슨 이득이 있어 토끼를 품고 키우는가?'[168]라는 내용이 있다. 중국의 저명한 인도 문화 학자인 지셴린季羨林은 이렇게 말했다.

"달 속에 토끼가 있다는 이야기는 중국에서도 오랜 역사가 있다. 그러나 이 이야기는 인도의 《이리베다》에서 기원한 것이다. 인도어에서 달과 토끼가 같은 어원을 가지고 있는 것으로 보아, 달에 토끼가 산다는 믿음은 인도에서 오랜 역사를 가지고 있음을 알 수 있다."[169]

중국에는 원래 달에 두꺼비가 산다는 전설이 있었다. '예는 서왕모에게서 불사약을 얻었는데, 예의 아내 항아는 그것을 훔쳐 달로 도망가 두꺼비로 변했다'[170]라는 내용이다.

따라서 원래 중국 달에는 두꺼비만 살았다. 그런데 한나라에 이르면 달에 두꺼비와 토끼가 함께 등장한다. 한나라와 진晉나라 이후 달에는 계수나무가 있다는 전설이 생겼다.[171]

〈월륜도月輪圖〉는 서한 시기 벽화인데 두꺼비와 계수나무만 있

월륜도[172] 허난성 뤄양시 샤오거우 촌의 서한 시기 시부첸치우묘 벽화

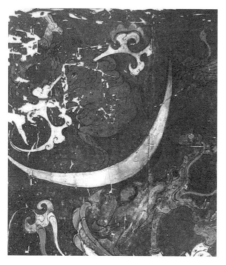

창사 마왕두이 1호묘 출토 백화상의 두꺼비와 토끼

서왕모도[173] 허난성 옌스시 가오룽 향 신촌의 신나라(新, 9~23) 시기 벽화

고 토끼가 없다. 창사 마왕두이馬王堆에서 출토된 백화帛画에는 반달 위에 두꺼비가 앉아 있고, 그 위쪽으로 흰 토끼가 한 마리가 그려져 있다. 〈서왕모도西王母圖〉에는 두꺼비와 함께 토끼도 그려져 있다. 왼쪽에는 서왕모가 구름 꼭대기에 앉아 있고 오른쪽에는 옥토끼가 약방아를 찧고 있다. 토끼는 귀가 크고 어깨에는 날개를 달고 있다. 아래쪽에는 작은 모양의 두꺼비가 있다.

중국 달에는 토끼와 두꺼비가 함께 산다. 토끼는 인도에서 기원했으며, 두꺼비는 중국 본토 문화다. 중국은 인도의 토끼를 수입해 서왕모가 불사약을 가지고 달로 도망갔다는 설화와 결합해 약방아를 찧는 중국 토끼를 창조했다. 마왕두이 백화의 토끼는 뛰어가는 모습이지만, 〈서왕모도〉의 토끼는 약방아를 찧고 있다. 중국은 외부 문화를 수용해 독특한 중국 문화를 창조했다.

한나라에서 당나라에 이르는 시기에 중국은 실크로드를 통한 활발한 교류로 세계 최고의 문화를 창조했다. 중국이 이룬 문화적 성과는 칭찬할 만하며, 주변 국가의 문화 발전에 지대한 공헌을 했다. 중국 문화는 외부 문화와의 교류로 찬란히 꽃피웠다.

그러나 당나라 멸망 이후 실크로드가 단절되고 중국 문화는 정체를 보이기 시작한다. 유구한 문명을 자랑하던 강대한 중화제국은 명과 청 시기에 대국이라는 자만감에 도취해 있었다. 만리장성을 축성하고, 해금 정책을 실시했다. 일시적으로 해금 정책을 해지한 적도 있으나 일관되게 시행하며 외국과의 해상 교통, 해상 무역, 어업 등 일체의 해상 활동을 금했을 뿐만 아니라 섬 지역의 주민을 강제로 내지로 이주시켰다. 어떠한 중국인도 사적으로 중국을 떠날 수 없고, 어떠한 외국인도 공적 입장을 띠지 않고선 중국에 입국할 수 없었다. 사절만이 중국과 주변 국가를 오가는 폐쇄적인 시대가 시작됐다.

16~18세기는 처음으로 동양과 서양이 대대적으로 교류한 시기로, 이제 아시아와 유럽 대륙이 독자적으로 발전하는 시기는 끝이 났다. 이러한 시기에 명나라와 청나라는 과거의 것을 수호하며 변혁을 거부하고 스스로 봉쇄했다.

1793년 영국의 조지 매카트니George Macartney는 일찍이 건륭황제의 생일을 축하한다는 명목으로 중국에 왔다. 매카트니는 청나라 정부에 교류를 희망하며, 당시 가장 선진적인 대포를 선물로 주었다. 그러나 청 정부는 거들떠보지도 않고 창고 안에 넣어 두었다. 70년이 지난 후 영국이 건륭황제에게 선물했던 것과 같은 대포로 중국의 대문을 열 때야 청나라 정부는 그 대포를 생각해 냈다. 그러나 선물로 받은 대포는 이미 낡고 반점으로 얼룩얼룩해져 있었다. 중국은 아편 전쟁 이후 반식민지 상태에 들어선다.

중국은 동아시아에서 가장 독보적인 문화를 창조했고 주변 국가의 문화 발전에 지대한 역할을 했다. 그러나 이러한 중국 문화의 형성에도 자민족의 창조성뿐만 아니라 외래문화의 영향이 중요한 작용을 했다. 따라서 중심 문화에서도 외래문화가 중요한 문화 변동 요인임을 알 수 있다.

3

문화의 수용과 문화 번역

2013년 말 한국 '김치와 김장 문화'가 유네스코 인류무형문화유산 목록에 등재됐다. 한국은 자연유산과 문화유산 외에 종묘제례악, 판소리, 아리랑, 강릉 단오제 등 10여 개 무형문화유산을 등재했다. 한국은 역사상 중국 문명에 종속돼 있었으며, 국토나 인구에 한계가 있는 소국이다. 김치를 등재하는 것은 중국인 입장에서는 별거 아닌 것을 떠벌린다는 느낌이 든다. 중화 문명의 외부 전파와 영향을 보려면 당나라는 일본, 명나라는 한국, 민국은 타이완을 보라는 말이 있다. 명청 교체기 이씨 조선 왕조는 청나라의 번속국으로 명나라의 연호를 썼으며 문서에도 명나라 황제의 연호를 썼다.[174]

위의 내용은 중국 네티즌의 한국 문화유산에 대한 평가다. 위의 주장은 다음과 같은 것들을 전제로 한다. 중국은 동아시아에서 유일한 문화 창조자이고, 한국은 기계적으로 중국 문화를 수용했다. 즉 모든 문화의 기원은 중국이며, 한국은 그저 중국 문화의 수혜자일 뿐이라는 것이다. 기존의 단오 논쟁도 그렇고 최근의 김치나 한복 논쟁도 역시 위와 같은 전제를 근거로 한다. 따라서 한국이 한국 문화가 중국에서 기원한 것을 인정하지 않고 문화유산을 유네스코에 등재한 것은 중국 문화를 훔친 것이라고 한다.

위의 네티즌 발언은 상당히 이데올로기적이다. 이데올로기는 문화와 동일하지 않다. 문화는 가치와 상징적 실천의 문제지만, 이데올로기는 그 가치와 상징적 실천이 언제든 정치적 권력을 유지하는 일에 휘말리는 점을 나타낸다.[175] 한국 문화가 중국 문화의 영향을 받았음을 지적한 후에 마지막으로 명, 청 시기 조선이 두 나라의 번속국이었음을 지적한다. 이로써 위 네티즌이 한국 문화가 중국 문화의 영향을 받았다고 주장한 근본적인 목적이 드러난다. 만약 중국의 한국 문화에 대한 영향을 언급했다면 이는 양국 문화에 대한 견해를 표명했다고 볼 수 있다. 그러나 번속 관계임을 지적함으로써 이데올로기가 된다.

고전적인 의미에서 문화란 한 사회의 총체적 삶의 양식을 뜻한다. 따라서 문화를 구현하는 것은 당연히 사람이다. 우리가 한국 문화, 중국 문화 등으로 구분 짓는 것은 단지 국가적 경계나 법적 범주 이상의 함의를 내포한다. 그 이유는 문화가 구성원의 아이덴티티 identity를 반영하기 때문이다. 아이덴티티는 흔히 정체성으로 번역하는데, 정체성은 존재의 본질과 관련 있다. 중국 네티즌이 한국 문화가 중국에서 기원했다고 주장하는 이유는 과거 중국의 우월적 지위를 인정하라는 것이다. 이들은 제국주의적이고 인종주의적인 전파론자의 인식을 답습하고 있다.

위와 같은 중국 네티즌의 주장을 접하면서 여러 가지 의문이 든다. 한중 간 문화 교류에 있어 중국 문화가 능동적으로 전파했다고 하는데, 과연 중국 문화의 전파인가 아니면 한국인의 문화 수용인가? 그리고 그들의 주장처럼 한국의 모든 문화는 중국에서 기원했는가? 중국 문화를 수용했다면 한국인은 아무런 판단 없이 그대로 수용했는가? 한국은 정말 스스로 문화를 창조할 능력이 없었는가? 반대로 한국 문화가 중국에 영향을 준 예는 없는가? 의문은 꼬리에 꼬리를 물고 이어진다.

먼저 중국이 한국에 문화를 전파했다는 입장을 살펴보자. 한국과 중국이 본격적으로 문화 교류를 시작한 것은 삼국 시대 이후다. 고구려는 중국과 연접해 중국과 교류가 가장 일렀고, 백제는 중국 남조와 교류했다. 신라는 고구려, 백제를 통해 간접적으로 중국과 교류했으나 통일 이후에는 당나라와 직접 교류했다.

그런데 삼국 시대 한중 간의 문화 교류를 보면 중국보다는 한국이 더 적극적이었다. 삼국 성립 이후 한반도에서 중국으로 조공 가는 사신의 수는 급격히 많아졌는데, 반면 중국에서 한국으로 오는 사신은 수가 많지 않았다. 한반도에서 자주 중국에 사신을 파견한 이유는 사대의 예를 갖추는 것도 있으나 더 본질적인 목적은 중국 문물을 수입하는 것이었다. 《양서》〈백제〉에 의하면 "중대통 6년534과 대동 7년541에 여러 번 와서 조공하고 《열반涅盤》 등과 같은 경전의 요지와 이치를 적은 서적과 《모시毛詩》에 능통한 박사, 장인, 화가 등을 청하여 모두 주었다"[176]라고 한다. 백제가 여러 차례 요구해 서적과 지식인, 장인, 화가를 보내 주었다는 것은 백제가 중국 문화의 수입에 적극적이었음을 말한다. 양나라가 문화를 전파한 것이 아니라 백제가 적극적으로 수용한 것이다.

현대 사회의 문화 전파는 경제적 이익 창출과 연관 있으므로 적극적으로 자국 문화를 전파하려는 경향이 있다. 그러나 과거에는 그렇지 않았다. 오히려 주변부 문화들이 중심부의 선진 문화를 수용하는 데 적극적이었다. 따라서 '중국 문화가 한국에 전파됐다'라는 견해는 옳지 않으며, 오히려 '한국이 중국 문화를 수입했다'라고 보는 것이 옳다.

전파론에서는 문화 창조자가 자문화를 타 문화에 전파했다는 입장을 취한다. 그러나 이는 수용자의 입장을 고려하지 않은 결과다. 문화를 창조하고 향유하는 주체는 사람인데 사람의 역할을 배제했다. 특정 문화의 수용과 거부는 전적으로 수용자의 몫이다. 사람들이 선택하고 수용하지 않으면 문화의 전파도, 영향도 불가능하다. 특정 문화 집단 사람들의 수용 여부가 문화의 영향이나 전파에 결정적인 구실을 한다. 따라서 문화 연구는 문화 전파가 아닌 문화 수용 입장에서 이루어질 필요가 있다.

특정 문화가 다른 문화로 전파되는 경우 향유하는 사람들이 거의 의식하지 못하는 사이에 자연스럽게 전파된다. 전파된 외래문화는 정착에 상당한 시간이 걸리며, 일부는 수용하고 일부는 배척한다. 수용하는 경우에도 해당 민족에 맞게 문화 번역이 일어난다. 문화 번역은 하나의 문화 양식이 다른 지역으로 이동해 그 지역의 맥락에 맞게 의미가 만들어지는 행위를 말한다.[177] 문화 번역이 이루어지는 경우에도 해당 민족의 정체성과 관련된 핵심적인 문화는 절대로 변하지 않는 경우도 있다.

혼례 문화 중 사위가 결혼 후 처가에 머무는 풍속은 고구려 이래 한민족의 오랜 전통이었다. 이러한 풍속은 데릴사위제라고도 하고 서류부가혼이라고도 한다. 고려 말 정도전은 친영제를 실시할 것을 주장했다. 친영제는 신부가 남편 집에서 혼례를 치르고 정착해 사는 것을 말한다. 조선 시대 들어 친영제를 실시하려 했으나 실시되지 못했다. 결국 조선 중기 이후 반친영의 형태로 정착한다. 반친영은 신랑이 결혼식을 신붓집에서 하고 신부와 함께 자신의 집으로 돌아와 생활하는 것을 말한다. 이는 중국의 혼례 풍속이 수용됐으나 정착에 상당한 시간이 걸렸으며 수용자의 문화 번역을 거쳐 변형된 형태로 정착했음을 말한다.

조왕신앙의 경우도 문화 번역의 예에 해당한다. 명칭은 중국의 영향을 받았으나 조왕신앙의 본질적인 성격은 변하지 않았다. 중국의 조왕신앙은 대략 10세기 전후 성황신앙과 함께 한국에 들어왔다. 중국 조왕신은 남성으로 사람들의 잘잘못을 지켜보고 있다가 벌을 주기 때문에 사람들은 두려운 존재로 생각한다. 한국의 조왕신은 조왕할머니로 불리며 인자한 여성신의 모습을 하고 있다. 부녀자들이 부뚜막에 정화수 한 사발을 떠놓고 가정의 안녕을 비는 대상이다. 자상한 한국의 조왕할머니는 엄격한 중국 조왕신을 거부했다.

하나의 문화가 다른 지역으로 전파된 경우, 표면적인 것에는 쉽게 영향을 미치나 문화의 심층을 형성하는 정신문화에는 쉽게 영향을 미치지 못한다. 다른 언어의 차용에 있어 단어는 쉽게 차용되나 문법 구조는 고착성이 있어 거의 차용이 이루어지지 않는 것과 같은 예다. 문화도 자신만의 견고한 문법 구조가 있어 표층적인 것은 수용되나 심층 구조는 쉽게 변하지 않는다.

중국 네티즌이 한국 문화에 가지고 있는 기본 관점은 중국 문화 기원론이다. 그동안 중국 네티즌들은 한국을 중국 문화를 전승한 국가로 생각했지, 두 나라의 문화 차이를 이해하려 하지 않았다. 그러나 이제는 케케묵은 전파론이 아니라 문화 수용론적 입장에서 두 나라의 문화를 객관적으로 바라볼 필요가 있다.

4
전통 시대 한중의 문화 교류

앞에서 살펴본 바와 같이 추석은 한국에서 가장 먼저 시작됐다. 신라의 추석은 신라 왕실의 조상제에서 연원한 것으로 보이며, 당시 신라에만 있는 명절이었다. 이처럼 중국의 영향 없이 한국에서 독자적으로 만들어진 문화는 수도 없이 많으나 이 책에서는 생략하겠다. 여기서 말하는 '독자'는 타 문화의 영향 없이 '오로지' 홀로 만들었다는 배타적 개념이 아니라 '중국 영향이 아닌' 정도로 이해해 주기 바란다.

대체로 중국 문화가 한국 문화에 영향을 주었지만, 한국 문화가 중국에 영향을 준 예들도 있다. 이를테면 접는 부채는 고려 때 중국에 전해진 것으로 알려져 있다.

고려에서 송나라로 수출한 물품으로는 소나무, 인삼, 유황, 술, 고려 벼루, 유리, 마납의磨納衣, 청동기, 돗자리, 고려 부채, 고려 종이, 고려 묵, 약재 등이 있다. 이 중 고려의 붓, 묵, 종이, 부채는 송나라 문화계 인사들이 매우 좋아했다. 서긍은 일찍이 고려의 백절선白折扇은 "소매 사이에 숨기니 사용이 매우 편하다"라고 했다. 소식도 "고려 부채는 펼치면 1척 넓이로 넓고, 접으면 두 손가락 두께가 된다"라고 감탄했다.[178]

명나라 때 서적인 《양산묵담兩山墨談》과 《숙원잡기菽園雜記》에서는 접는 부채의 원산지는 고려로 송나라 이후 중국에 전해졌다고 한다. 접는 부채의 원산지에 대해서는 논란이 있지만, 고려에서 전해진 것은 틀림없다.

고려는 송나라 도자기를 수입했지만, 도리어 고려청자를 수출하기도 했다.

13세기 고려는 청자 수출국이 됐다. 남송 시기 문헌인 《보경사명지寶慶四明志》〈시박市舶〉과 원나라 때 문헌인 《지정사명지至正四明志》〈시박市舶〉에는 고려가 수출한 물품 중에 고려청자가 있다. 상감청자는 독특한 공예품으로 가장 환영을 받는 수입품이 됐으며 항저우뿐만 아니라 전 중국에서 대량 발견되고 있다.[179]

원나라 말에는 기황후를 비롯한 고려 여인들이 원나라 황실의 후궁이 되거나 귀족 부인이 되면서 고려 복식이 유행했다. 당시 원나라에서 유행한 고려 복식을 고려양高麗樣이라 하는데, 수도인 베이징뿐만 아니라 원나라 다른 지역에서도 크게 유행했다.

고려 여자는 온유하고 부드럽고 일을 잘하여 총애를 받았다. 1341년
에서 1370년 이래로 궁중에서 일을 처리하고 심부름을 하는 일은 대
부분 고려 여자들이 맡게 되어, 세상의 복식과 관모, 신발, 모자는 모
두 고려 양식을 따르게 됐다.[180]

당시에는 고려어도 유행해 '딸이 바느질을 배우기 전에 고려에
가서 고려어를 배우게 했다'[181]라는 기록도 있다.

명나라 때는 조선에서 유래한 마미군馬尾裙이 크게 유행했다.

마미군은 조선국에서 시작됐다. 경사京師로 유입되어 사람들은 사서
입었으며, 만들 수 있는 사람이 없었다. 처음 입은 사람은 부유한 상
인과 귀공자와 기녀뿐이었다. 이후 무신들이 이 옷을 많이 입었으
며 경사에서도 이 옷을 만들어 파는 사람이 생겼다. 귀천에 관계없
이 입는 자가 나날이 늘어나 성화成化, 1465~1487 말년에는 조정 관리
들도 이 옷을 입는 이가 많았다. 마미군은 입으면 하체가 벌어져 풍
성해 보이는데, 이러한 아름다움을 취했다.[182]

명나라 사람들이 마미군을 좋아한 이유는 미적인 이유였다. 마
미군은 말총으로 만들어 치마가 가라앉지 않게 지탱해 풍성하게 했
다. 남녀와 귀천을 막론하고 모두 입었으며, 심지어는 마미군을 만
들기 위해 전마의 말꼬리를 잘라 군사적인 역량이 대대적으로 약화
됐다고 한다.

마미군을 입고 공연하는 배우들 〈명헌종원소행락도〉. 명나라 시기 작품으로 1966년 장쑤성 쑤저우시 후치우향에서 출토. 국가박물관 소장

마미군의 구체적인 모양

문인들은 남녀가 마미군을 모두 입어 유가의 남녀유별 사상을 위반했다고 하여, 마미군을 복요服袄라 하여 금지할 것을 요청했으나 유행을 막지 못했다. 심지어 궁궐의 관원들도 마미군을 입었다.[183]

명나라 헌종 때 주견심朱見深이 성화 21년 원소절 때 궁궐에서 마술과 곡예를 즐기는 장면을 그린 〈명헌종원소행락도明憲宗元宵行樂圖〉를 보자. 원소절은 음력 1월 15일로, 우리나라 정월 보름에 해당한다. 헌종은 갈색 계통의 옷을 입고 노란색 장막 아래 앉아 공연을 보고 있다. 연기자들은 각종 악기 소리에 맞춰 물구나무를 서고, 동그라미를 만들고, 마술하고, 기공하는 등 다양한 묘기와 공연을 펼치고 있다. 그런데 공연을 하는 이들은 색깔은 다르지만 모두 코르셋처럼 퍼진 마미군을 입고 있다. 다른 그림에서는 관리들도 마미군을 입고 있어, 궁궐에서 마미군이 크게 유행했음을 알 수 있다.

사람들이 문화를 교류하는 이유는 더 세련되고 매력적인 문화를 창출하고자 하는 욕구를 충족하기 위해서다. 하체가 풍성해 보이는 마미군은 명나라 사람들의 미감을 자극했고, 적극적으로 수용하도록 했다. 필자는 중국 남부의 소수 민족 지역을 답사하면서 변변한 도구도 없이 길을 내는 사람들을 수없이 봐 왔다. 그들의 가장 큰 소망은 외부로 통하는 길을 내는 것이다. 외부와의 단절은 곧 정체이며, 심지어는 문화적 퇴보의 길을 걷게 된다.

중국 민속학자 류쿠이리는 한국이 단오를 빼앗아 간 문화 도둑이라고 하는 이들에게 일침을 가했다.

"반대로 우리의 문화유산도 다른 민족에게 배워 온 것이다. 예를 들어 불교는 다른 문화를 참고로 한 후에 새롭게 창조한 것이다. 이미 우리의 것으로, 외래에서 온 종교라 하지 않는다. 곧 성탄절이 다가오는데 성탄절이 되면 산타클로스는 많은 상점 입구에서 보초를 선다. 그러나 이 일로 핀란드나 미국인이 우리에게 불만을 표시하지 않는다. 따라서 우리는 이 문제를 더욱 넓고 멀리 보아야 한다."[184]

한국과 중국은 인접하며 수천 년 문화를 교류한 역사를 가지고 있다. 물론 중국 문화가 한국 문화에 준 영향이 크지만, 한국 문화도 중국 문화에 영향을 주었고 중국 문화 발전에 기여했다. 이제 우월적 관점에서 내려다보는 전파론이 아닌 문화 교류사 입장에서 두 나라의 문화를 담담히 바라볼 필요가 있다.

깨어야 할 꿈, 중국적 세계 질서

문화 방면에서 중국과 마찰이 많은 것은 중국의 독특한 문화관과 관련이 있다. 문화 연구자 윌리엄스Raymond Williams[185]에 의하면 문화는 세 가지 의미를 포괄한다고 한다.

첫 번째, 한 개인 혹은 집단의 지적이고 정신적이며 미학적인 발전 과정으로, 진보의 의미를 담고 있다.

두 번째, 일정한 범위의 지적이고 예술적인 활동과 그것들의 산물영화, 미술, 연극을 포괄한다. 즉 지적인 활동의 결과물을 말한다.

세 번째, 한 민족이나 집단의 활동, 신앙, 관습 등 전체적인 삶의 양식을 말한다.

첫 번째와 두 번째가 상층 예술로서의 문화라면, 세 번째는 서민 삶의 형태로서의 문화를 말한다.

전통적인 중국의 문화관은 상층 예술로서의 문화에 가깝다. 중국에서 문화는 진보된 사회를 의미하며, 의례 문명은 문화의 결정물로 중시됐다. 중국은 문화를 지적인 작업의 결과물로 간주하였기 때문에 문화 수준으로 화하와 이적을 구분했다.

'화하와 이적은 구분이 있다'라는 의미의 화이지변華夷之辨 사상은 중국에서 오래된 전통이다. '화華'는 중국을 지칭하고, '이夷'는 주변 다른 민족을 지칭한다. 화이지변에 의하면 한족은 중원에 거주하며 문명의 중심이고, 주변에 거주하는 종족과 국가는 낙후하고 야만적이어서 문화적으로 뒤떨어져 있다고 한다. 고대 중국에서 문화는 화하와 이적을 구분하는 중요한 기준이었다.

심지어 이적이 화하의 문화를 익히면 중국의 정통 왕조가 될 수도 있었다. 당나라 때 한유는 공자의 화이관을 해석하면서 "제후가 '이적夷狄'의 의례를 따르면 이적이 될 것이고, 이적의 제후가 중국의 의례를 따른다면 중국이라 인정할 수 있다"[186]라고 하였다. 즉 이적이라 해도 화하의 의례를 따른다면 정통 왕조가 될 수 있다는 것이다. 북방 왕조인 거란, 금, 원, 청은 중국의 의례 문화와 유가를 학습해 정통 왕조가 됐다.

이와 같이 문화로 각 국가 또는 민족의 우위를 판가름하는 중국의 전통은 현재도 계속되고 있다. 일반적으로 타민족 혹은 타 국가에 대한 우월적 지위를 주장할 때 강한 군사력, 경제력 또한 방대한 영토를 근거로 든다. 그런데 특이하게 중국 애국자들은 한국이 중국 문화의 영향을 받은 것을 근거로 중국의 번속국이었음을 주장한다.

"현대 중국인의 한국 문화에 대한 태도는 매우 독특하다. 한편으로는 자신의 문화를 한국이 받아들이고 전승한 것을 매우 자랑스럽게 생각하고, 다른 한편으로는 도리어 한국이 유네스코 문화유산에 등재한 것은 중국의 문화 발명권을 침범했다고 한다. 이는 일종의 약소국 심리로 다른 사람의 본국에 대한 평가를 지나치게 신경 쓰는 것이다. 현재 중국은 크지만, 여전히 약소국이다."[187]

한국에 문화를 전파한 것을 자랑스러워하는 것은 천자국 심리고 한국에 문화를 빼앗겼다는 것은 약소국 심리다.

중국 애국자들의 천자국 심리와 약소국 심리는 한국과의 문화 전쟁에서도 발견된다. 혐한 1단계인 2000년대 중후반 한국을 문화 도둑 또는 문화 침략자라고 규정한 것은 약소국 심리에 해당한다. 반대로 최근 한창 진행 중인 한국이 중국의 문화 속국이라는 주장은 천자국의 심리에 해당한다. 2000년대에는 약소국 심리가 지배적이었다면, 현재는 천자국 심리가 지배적이다. 중국 애국자들은 이제 중국이 충분히 강해졌기 때문에 누가 보아도 자명한 한국 문화도 뺏을 수 있다고 생각한다.

중국 애국자들이 한국을 중국의 문화 속국이라 주장하는 이유는 기존의 조공번속 관계를 상기시키기 위해서다. 명, 청 시기 확실한 조공번속 관계를 맺은 나라는 조선, 베트남, 유구, 일본이었다고 한다. 중국 애국자들은 원래 사회주의 국가는 공격하지 않기 때문에 베트남은 제외했다. 유구는 현재 일본에 속하게 됐고, 일본은 침략사가 공격 대상이기 때문에 문화 방면의 공격에서 제외됐다.

현재 중국 애국자들의 한국 문화에 대한 공격은 이데올로기적 성격을 띠고 있다. 한복이 명나라 복식을 모방했다고 하면 문화이지만, 명나라 복식을 모방했기 때문에 속국이라고 하면 이데올로기다. 김치도 마찬가지다. 김치가 중국 고문헌에 등장하는 '저'라는 음식과 관련이 있다고 하면 문화이지만, 그렇기 때문에 속국이라고 하면 이데올로기다. 중국 애국자들이 문화 속국 이데올로기를 통해 말하고 싶은 것은 한국은 고대 중국의 번속국이었다는 것이다.

페어뱅크John K. Fairbank는 중화 질서를 '중국적 세계 질서Chinese World Order'라고 했다. 그는 '중국적 세계 질서'에 대한 이해 없이 현대 중국을 설명하기 어렵다고 한다. 중국적 세계 질서의 핵심은 위계성hierarchy으로, 유교의 이념적 원리에 근거해 중국의 '천자'를 정점으로 각 국가가 위계적으로 배열되어 있다는 것이다.

"중국이라는 '큰 테두리'는 바깥 세계를 처리할 때 늘 자기를 중심으로 친소원근의 관계에 따라 그것의 층차를 가려 나누는데, 이러한 층차는 늘 일종의 등급 서열로 변한다. 사실 바깥 세계를 동질의 공간으로 여겨 처리하지 못하는 이러한 상태는 지금까지 연속되고 있다."[188]

최근 중국 정부가 내놓는 말들을 보면 전통의 천하관이 변하지 않았음을 알 수 있다. 주변국에 대해 속국이라는 말을 일삼고, '불장난하지 말라'라는 등 막말을 일삼는다. 이런 말들로 볼 때 중국이 생각하는 국제 관계에 '평등'이라는 개념이 없는 것은 확실하다.

현대 국제 관계는 큰 나라나 작은 나라나 평등한 관계를 기반으로 한다. 유엔헌장 제2조 1항은 '조직은 모든 구성원의 국가 평등 원칙에 기초한다'라고 명시하고 있다. 비록 국가의 국력은 평등하지 않지만, 현대 세계의 국제법은 법리상 크고 작은 국가를 모두 평등하게 대우한다. 이러한 관념은 서양 문화의 인격 평등 관념의 연장이다. 사람은 비록 우열의 차이는 있지만, 인격상으로는 마땅히 평등해야 한다.[189] 중국은 중국 중심의 세계 질서를 만들기 위해 고군분투하고 있다. 그러나 중국을 정점으로 한 수직적인 위계질서를 받아들일 수 있는 나라는 그리 많지 않을 것이다. 중국이 진정으로 세계 리더가 되고 싶다면 먼저 중국적 세계 질서라는 꿈에서 깨어나야 할 것이다.

최근 한국에 대한 공격이 늘어난 것은 시진핑 정부의 문화 정책과 관련이 있다. 2022년은 20대 당 대회가 열리는 해로 시진핑 주석은 세 번째 연임에 도전하게 된다. 정치적으로 민감한 시기를 맞아 시진핑 주석은 반대 세력들을 견제하고자 문화를 활용하고 있다. 시 주석은 문화 자신으로 서구 민주주의를 추종하는 문화 허무론자들을 타도하자고 주장한다. 문화 자신은 전통문화에 대한 자신과 사회주의 문화에 대한 자신을 말한다. 문화 자신을 강화하는 과정에 중화주의는 더욱 노골화되었다.

시 주석의 문화 정책인 문화 자신의 선전대는 소분홍이다. 소분홍은 한류 팬에서 이탈한 그룹과 중국 정부가 조직한 인터넷 부대가 중심이다. 한류 팬 출신은 한국에 대한 풍부한 정보를 제공하고, 고학력자로 조직된 청년 인터넷 문명 지원자 그룹은 더욱 치밀하게 한국에 공격을 가하고 있다. 기존에는 수세적인 입장에서 방어한 측면이 있다면, 현재는 공세로 전환했다.

또 다른 특징은 내전에서 외전으로 확장됐다는 것이다. 기존의 문화 전쟁은 중국 애국자들이 자국 인터넷에 한국을 비난하는 글을 올리는 형태로, 내전적 성격이 강했다. 그런데 현재는 국경을 넘어 각국 인터넷 사이트를 공격하고 있다.

중국 애국자들은 "한국은 하루라도 훔치지 않으면 괴로워한다. 온 세상을 훔쳤다"라고 비난한다. 이들은 문명 대국인 중국만이 문화를 발명할 수 있고, 한국은 그저 중국 문화의 수혜자일 뿐이라고 한다. 즉 한국은 문화 창조 능력이 결여됐기 때문에 한국의 모든 문화는 중국의 영향을 받았다고 한다.

그렇다면 앞으로 우리는 중국과의 문화 논쟁에 어떤 태도를 취해야 할까? 단오 전쟁에 대해 중국 학자는 "한쪽은 불꽃이었고, 다른 한쪽은 바닷물이었다"[190]라고 평가했다. 한국은 담담하게 자기 일을 하여 문화유산을 등재했고, 중국은 불꽃처럼 타올랐지만 한국이 유네스코 문화유산에 등재하는 것을 막지 못했다는 것이다.

예전 태도대로 우리는 우리의 일을 담담하게 해내자. 세계인의 보편적인 가치인 자유, 평등, 평화, 인권과 같은 이념들을 담은 매력적인 문화를 생산하자. 그리고 우리 스스로 즐기고, 세계인과 공유하자. 우리는 이미 매력적인 문화를 창조할 능력이 있음을 확인한 바 있다. 중요한 것은 바다와 같은 냉철함과 이지적 태도를 끝까지 잃지 않는 것이다.

주석

1 〈中國網民隣國印象調查:最喜欢國家巴基斯坦居首〉,《華夏經緯網》, 2007年 12月 13日

2 劉洋,〈調查顯爾中國大學生對韓國好感逐年下降〉,《環球網》, 2012年 8月 20日

3 許娜,《中國網民涉韓話語研究》, 上海外國語大學 碩士學位論文, 2012년, 71쪽

4 서형,《재한 중국인의 반한감정에 관한 연구》, 한국외국어대학교 석사 논문, 2010

5 http://www.tianya.cn/publicforum/content/funinfo/1/2148680.shtml

6 許娜,《中國網民涉韓話語研究》, 上海外國語大學 碩士學位論文, 2012년, 43쪽

7 詹小洪,〈大長今折射韓國文化戰略〉,《新民周刊》, 2005年 9月 28日

8 陸高峰,〈警惕韓流文化入侵〉,《聲屏世界》2007年 第6期, 66쪽

9 정예희,〈조선시대 복식 풍속과 '복요服妖' 논란〉,《역사와 담론》62, 2012.4

10 劉玉琴,〈端午節將成爲外國文化遺産?〉,《人民日報》2004年 5月 6日

11 施愛東,〈從保衛端午到保衛春节:追踪與戲說〉,《民族藝術》2006年 2期, 8쪽

12 謝孝國·江微,〈"搶報端午節"細說從頭〉,《羊城晚報》, 2004年 5月 9日

13 謝孝國·江微, 위의 기사

14 胡勁華,〈韓端午節申遺事件"上書者":保衛戰之說不實〉,《北京娛樂信報》, 2004年 5月 11日

15 〈文化部官員現身說法, 端午節之爭報道疑失實〉,《中國新聞網》, 2004年 5月 11日 http://www.chinanews.com.cn/n/2004-05-11/26/434700.shtml

16 李建敏,〈文化部官員提醒國人不要冷落自己的傳統節日〉,《人民網》, 2004年 4月 17日 http://www.people.cn/GB/shizheng/1027/2453411.html

17 〈阻止"韓流"爭奪"端午"〉,《解放日報》, http://www.sina.com.cn 2004年05月11日 10:50

18 〈端午節該不該捍衛〉,《哈爾濱日報》, http://www.sina.com.cn 2004年05月11日 09:33

19 위의 기사

20 〈民族精髓絶不能丟! 湖南打响"端午節"保衛戰〉,《中國新聞網》, http://www.sina.com.cn 2004年05月09日06:54

21 施愛東,〈從保衛端午到保衛春节:追踪與戲說〉,《民族藝術》2006年 2期, 10쪽

22 孫國瑞,〈保護列祖列宗的"发明"-從"端午節事件"說起〉,《中國發明與專利》2004年 第6期, 12쪽

23 錢爽,〈民族文化的保護與傳承-淺談中韓端午祭之爭〉,《靑年文学家》2009年 第3期, 83~92쪽

24 曾曉慧・張玉川・王丹,〈對韓民族主義事件中的文化誤讀現象思考-基于"韓國端午申遺"和"韓國暖炕申遺"事件的个案分析〉,《當代韓國》2015年 第1期, 89쪽

25 陳寶成・蘇婧,〈韓國端午祭成功申遺的文化傳承之思〉,《新京報》, 2005年 12月 4日

26 〈中韓端午節申遺之爭韓國获勝, 中國專家稱非壞事〉,《愛國者同盟網論壇》, http://bbs.54man.org/archiver/?tid- 187718.html

27 〈阻止"韓流" 爭奪"端午"〉,《解放日報》, http://www.sina.com.cn 2004年05月11日 10:50

28 〈民族精髓絶不能丟！ 湖南打响"端午節"保衛戰〉,《中國新聞網》, http://www.sina.com.cn 2004年05月09日06:54

29 〈阻止"韓流" 爭奪"端午"〉,《解放日報》, http://www.sina.com.cn 2004年05月11日 10:50

30 顧嘉健,〈岳陽端午"申遺" 全民總動員〉,《新聞晨報》, 200年 5月 13日

31 施愛東,〈從保衛端午到保衛春节：追踪與戲說〉,《民族藝術》2006年 2期, 12쪽

32 〈阻止"韓流" 爭奪"端午"〉,《解放日報》, http://www.sina.com.cn 2004年05月11日 10:50

33 〈對話中國民俗協會祕書長:韓國人有他们的合理性〉,《國際先驅導報》, http://news.sina.com.cn/c.2004-05-17/13073253332.shtml

34 《搜狐旅游》, http://survey.it.sohu.com/manage/poll/poll.php

35 朱剛,〈同比外國，我們的差距在哪里〉,《中國社會導刊》2006年 第18期, 20쪽

36 聞一多,《神話與詩》, 華東師範大學出版社, 1997, 145쪽

37 김택규,《한국농경세시의 연구》, 영남대학교출판사, 1991, 261~263쪽

38 胡勁華,〈韓端午節申遺事件"上書者":保衛戰之說不實〉,《北京娛樂信報》, 2004年 5月 11日

39 謝孝國・江微,〈"搶報端午節"細說從頭〉,《羊城晚報》, 2004年 5月 9日

40 葉春生,《端午節慶的國際語境》,《民間文化論壇》2005年 3期

41 賀學君,〈韓國非物質文化遺産保護的啓示-以江陵端午祭爲例〉,《民間文化論壇》2006年 第1期

42 劉魁立,〈關于非物質文化遺産保護的若干理論反思〉,《民間文化論壇》, 2004年 4期

43 董晓宾, 对话中国民俗协会秘书长:韩国人有他们的合理性, 国际先驱导报, 2004年 05月17日

44 佚名,〈我國端午節仍可"申遺"〉,《致富天地》2006年 2期, 25쪽

45 王靈書,〈端午節保衛戰-尋找消失的節日文化〉,《文化月刊》2006年 1期

46 高丙中,〈"端午民俗研討會"上衆學者論"民俗復興"〉,《民間文化論壇》2004年 第3期, 96쪽

47 付碧蓮,〈"保衛"中國节?〉,《中國新聞周刊》2006年 40期

48 錢爽,〈民族文化的保護與傳承-淺談中韓端午祭之争〉,《靑年文學家》2009年 第3期, 92쪽

49 王靈書,〈端午節保衛戰-尋找消失的節日文化〉,《文化月刊》2006年 1期

50 劉洋,〈調查顯爾中國大學生對韓國好感逐年下降〉,《環球網》, 2012年 8月 20日

51 鐘寒,〈那端午不是咱端午〉,《大學生》2014年 9期

52 《嶺票隸異》卷中 "鬼車, 春夏之間, 稍遇陰晦, 則飛鳴而過, 嶺外尤多, 愛入人家爍人魂氣. 或云九首, 曾爲犬嚙其一, 常滴血. 血滴之家, 則有凶咎.《荊楚歲時記》云︰"聞之, 當喚犬耳."

53 《荊楚歲時記》"正月夜多鬼鳥度, 家家槌床打戶, 捩狗耳, 滅燈燭以禳之."

54 陳勤建,《中國鳥文化》, 學林出版社, 1996, 83~84쪽

55 楊萬娟,〈韓國文化與中國楚文化淵源初探〉,《中南民族大學學報人文社會科學版》第25卷 第1期   2005年 1月

56 《史記》〈楚世家〉"封熊繹于楚蠻, 封以子男之田, 姓羋氏, 居丹陽."

57 《史記》〈楚世家〉"熊渠曰, 我蠻夷也, 不與中國之號謚. 乃立其長子康爲句王, 中子紅爲鄂王, 少子執疵爲越章王."

58 高蒙河 편저,《銅器與中國文化》, 漢語大詞典出版社, 2003, 110쪽

59 甯祥 주편, 盧本珊 저,《中國古代金屬礦和煤礦開采工程技術史》, 山西出版集團·山西教育出版社, 2007, 10~11쪽

60 湖北省博物館 편,《圖說楚文化》, 湖北美術出版社, 2006, 5쪽

61 湖北省博物館 편, 위의 책, 913쪽

62 湖北省博物館 편, 위의 책, 213쪽

63 湖北省博物館 편, 위의 책, 939쪽

64 《史記》〈楚世家〉"熊繹當周成王之時, 舉文, 武勤勞之后嗣, 而封熊繹于楚蠻, 封以子南之田, 姓羋氏, 居丹陽."

65 楊萬娟, 〈韓國祭祀習俗與古代楚俗比較研究〉, 《湖北社會科學》 2005年 第8期

66 楊萬娟・单文建, 〈拔河源自楚地考据〉, 《江漢考古》 2006年 第2期

67 〈試解中韓兩襄陽的不解之緣缘〉, 《襄陽日報》, 2015年 3月 30日

68 〈網曝韓國人祖先是戰國楚國人？專家稱缺乏歷史根据〉, 《環球網》, 2017年 2月 23日

69 熊飛, 〈中秋節起源的文化思考〉, 《文史知識》 1996年 11期

70 杨琳, 《中國傳統節日文化》, 宗教文化出版社, 2000, 320쪽

71 劉德增, 〈中秋節源自新羅考〉, 《文史哲》 2003年 第6期, 山東教育學院

72 黃濤, 〈論中秋節起源于唐朝賞月風尚----兼駁"中秋節源自新羅"說〉, 《文化安全與社會和諧》, 社會問題研究叢書編輯委員會 編, 知識産權出版社, 2008年 6月, 408쪽

73 圓仁, 《入唐求法巡禮行記》卷 第二 開成四年 6月 28日 "廿八日, 大唐天子差入新羅慰問新即位王, 之使州青兵馬使, 吳子陳, 崔副使, 王判官等. 卅余人登來寺, 裏相看夜頭."

74 《入唐求法巡禮行記》"寺家設鎛飩餅食等, 作八月十五日之節. 斯節諸國未有, 唯新羅國獨有此節. 老僧等語云, 新羅國昔與渤海相戰之時, 以是日得勝矣, 仍作節. 樂而喜儛, 永代相續不息. 設百種飲食, 歌儛管絃以晝續夜, 三箇日便休. 今此山院追慕鄉國, 今日作節. 其渤海爲新羅罸, 纔有一千人向北逃去, 向後却來, 置办依舊爲國. 今喚渤海國之者是也."

75 《三國史記》儒理 尼師今 卷第一 "王既定六部, 中分爲二, 使王女二人, 各率部内女子, 分朋造黨. 自秋七月既望, 每日早集大部之庭, 績麻, 乙夜而罷, 至八月十五日. 考其功之多小, 負者置酒食, 以謝勝者. 於是, 歌舞百戲, 皆作之謂之嘉俳. 是時, 負家一女子起舞, 嘆曰會蘇會蘇. 其音哀雅, 後人因其聲而作歌, 名會蘇曲."

76 방종현, 《세시풍속집》, 연학사, 1946, 8월조

77 양주동, 《麗謠淺注》, 을유문화사, 1949, 16쪽

78 김영진, 《한국민속의 세계5-세시풍속》, 고려대학교민족문화연구원, 2001, 224쪽

79 《隋書》〈東夷列傳・新羅〉"至八月十五日, 設樂, 令官人射, 賞以馬布."

80 《舊唐書》〈東夷傳・新羅〉"又重八月十五日, 設樂飲宴, 賚羣臣, 射其庭. 婦人髮繞頭, 以綵及珠爲飾, 髮甚長美."

81 顔之推, 《顔氏家訓》"今之餛飩, 形如偃月, 天下通食也."

82 《隋書》〈東夷列傳・新羅〉"至八月十五日 設樂."

83 《三國史記》〈儒理尼師今〉卷第一 "負者置酒食 以謝勝者 於是 歌舞百戲."

84 張澤咸,〈唐朝的節日〉,《文史》, 1993年 第37輯, 65~92쪽 ; 李斌城,《隋唐五代社會生活史》, 中國社會科學出版社, 1998, 624~625쪽. ; 吳玉貴,《中國風俗通史·隋唐五代卷》, 海文藝山版社, 2001, 635~637쪽 ; 楊琳,《中國傳統節日文化》, 宗教文化出版社, 2000, 318~326쪽 ; 劉德增,〈中秋節源自新羅考〉,《文史哲》2003年 第6期, 山東教育學院

85 編委會,《中國大百科全書》〈民族卷〉, 中國大百科全書出版社, 1986 ; 宋兆麟·李露露,《中國古代節日文化》, 文物出版社, 1991, 134쪽 ; 尚秉和,《歷代社會風俗事物考》, 上海文藝出版社, 1989, 445쪽 ; 周一良,〈從中秋節看中日文化交流〉,《周一良集》第四集, 遼寧教育出版社, 1998 ; 蕭放,〈中秋節俗的歷史流傳,變化及當代意義〉,《民間文化論壇》, 2004 ; 中國民俗學會·北京民俗博物館編,《節日文化論文集》, 學苑出版社, 2006, 65~69쪽 ; 朱紅,《唐代節日民俗與文學研究》, 復旦大學博十學位論文, 2002, 35~44쪽 ; 劉德增,〈中秋節源自新羅考〉,《文史哲》2003年 第6期, 97~101쪽 ; 熊海英,〈中秋節及其節俗內涵在唐宋時期的興起與流变〉,《復旦學報社會科學版》2005年 第6期, 135~140쪽

86 《宋史》〈太宗記〉 "以八月十五爲中秋節."

87 丸山裕美子,〈唐宋節假制度的變遷-兼論'令'和'格敕'〉,《中國社會經濟史研究》, 2003年 第3期

88 陶穀,《清異錄》〈饌羞門〉 "閶闔門外 通衢有食肆 人呼为張手美家.----玩月羹中秋."

89 《武林舊事》卷六〈蒸作從食〉 "荷葉餅, 芙蓉餅, 羊肉饅頭, 菜餅, 月餅."

90 吳自牧,《梦粱錄》卷一六〈葷素從食店〉 "菊花餅, 月餅, 梅花餅."

91 《東京夢華錄》〈中秋〉 "中秋節前, 諸店皆賣新酒, 重新結絡門面彩樓, 花頭畫竿, 醉仙錦旆, 市人爭飲. 至午末間家家無酒, 拽下望子. 是時螯蟹新出, 石榴榅勃梨棗栗孛萄弄色根橘皆新上市. 中秋夜, 貴家結飾臺榭, 民間爭占酒樓翫月. 絲篁鼎沸, 近內庭居民, 夜深遙聞笙竽之聲, 宛若雲外. 閭里兒童, 連宵嬉戲. 夜市駢闐, 至於通曉."

92 田汝成,《西湖游覽記》 "八月十五日謂中秋, 民間以月餅相送, 取團圓之意."

93 《帝京景物略》 "女歸寧, 是日必返其夫家, 曰團圓節也."

94 潘榜,《宛署雜記》〈民風〉 "士庶之家, 俱以是月造面餅相 遺, 大小不等, 呼爲月餅."

95 田汝成,《西湖游覽志》卷二〈熙朝樂事〉 "八月十五日謂之中秋, 民間以月餅相遺, 取團圓之義."

96 蕭放,《歲時-傳統中國民眾的時間生活》, 中華書國, 2002, 187~188쪽

97 雪犁 주편,《中華民俗源流集成》1〈歲時風俗卷〉, 甘肅人民出版社, 1994, 548쪽

98 《花王閣剩稿》 "京師中秋節, 多以泥搏兔形, 衣冠踞坐如人狀, 兒女祀而拜之."

99 《藝文類聚》卷一引傳咸《拟天問》 "月中何有, 白兔搗藥, 興福降祉."

100 《太平御覽》卷七〇七引《樂府歌詩》"采取神藥山之端, 白兔搗成蛤蟆丸, 奉上陛下一王桴."

101 富察敦崇, 《燕京歲時記》"每屆中秋, 市人之巧者用黃土搏成蟾兔之像以出售, 謂之兔兒爺. 有衣冠而張盖者, 有甲胄而带纛旗者, 有騎虎者, 有默坐者. 大者三尺, 小者尺余."

102 張朝墉, 《燕京歲時雜咏》"蟾宮桂殿净無尘, 剪紙團如月满輪. 別有無知小兒女, 燒香羅拜兔兒神."

103 윤고은, 〈中네티즌 한국 애니메이션에 시비―"중추절에 왜 송편?"〉, 《연합뉴스》, 2021년 3월 12일

104 왕명가, 이경룡 옮김, 《중국 화하 변경과 중화민족》, 동북아역사재단, 2008, 105~112쪽

105 작자 미상, 《大金吊伐錄》卷三, 中华书局, 1985, 74쪽. "今随處既歸本朝, 宜同風俗, 亦仰削去頭髮, 短巾左衽. 敢有違反, 即是猶懷舊國, 當正典刑, 不得錯失."

106 李心傳, 《建炎以来系年要錄》卷二八 建炎三年九月乙亥条 "天會七年, 金元帥府禁民漢服, 又下令髡髮, 不如式者殺之. 令下之日, 各級官吏不遺余力, 不擇手段地加以執行. 如代州守劉陶, 執一軍人于市, 驗之頂髮稍長, 大小且不如式, 斬之. 解州耿守忠, 見小民有衣犢鼻者, 亦責以漢服斬之. 生民無辜被害不可勝紀. 時復布帛大貴, 細民無力, 坐困于家, 莫敢出焉."

107 範成大, 《攬轡錄》"民亦久習胡俗, 态度嗜好與之俱化, 最甚者衣裝之類, 其制盡爲胡矣. 自過淮已北皆然, 而京師尤甚."

108 《金史》卷三五〈礼八〉"諸人衽髮皆从本朝之制."

109 王一伶, 〈略論清初剃髮易服令〉, 《滄桑》, 2012年 第5期, 24쪽

110 〈好得很!〉, 《人民日報》, 1966年 8月 23日

111 楊克林, 《中國文化大革命博物館》上卷, 柏書房株式會社東京, 1996, 143쪽

112 夏曉莉, 〈從文化之争探討中國民間嫌韓情緒的解決之道〉, 《經濟研究導刊》2014年 第23期, 295쪽

113 許娜, 《中國網民涉韓話語研究》, 上海外國語大學 碩士學位論文, 2012년, 42쪽

114 陸正涵, 〈民族文化虛無主義的誤區〉, 《人文雜志》1990年 第3期 ; 杜文君·史春林·李曄, 〈近年來有關民族文化虛無主義評論述要〉, 《東北師範大學報》1991年 第6期 ; 王繼平, 〈論近代中國的文化虛無主義-中國近代文化思潮剖析之三〉, 《湘潭大學學報哲學社會科學版》1997年 第4期 ; 李翔海, 〈中華民族偉大復興需要中華文化發展繁榮-學習習近平同志在山東考察時的重要講話精神〉, 《求是》2013年 第24期 ; 高長武, 〈科學對待中國傳統文化, 需要反對四種錯誤傾向〉, 《紅旗文稿》2016年 第14期 ; 王炳權, 〈警惕文化虛無主義的内在破壞力〉, 《世界社會主義研究》2020年 第9期

115 于化民, 〈在文化自信中激发革命文化的活力〉, 《中國社會科學網》, 2020年 11月 9日.

https://baijiahao.baidu.com/s?id=1682851925048609174&wfr=spider&for=pc

116 于化民,〈在文化自信中激发革命文化的活力〉,《中國社會科學網》, 2020年 11月 9日.
https://baijiahao.baidu.com/s?id=1682851925048609174&wfr=spider&for=pc

117 張可榮 · 李艳飛,〈偏激言辞:五四思潮的論戰策略〉,《長沙理工大學學報社會科學版》,
2017年 第6期

118 賀敬之,〈關於建設有中國特色的社會主義文化的幾点看法〉,《求是》1990年 第6期;
何承杰,《當代 中國民族文化虛無主義對大學生的影响及對策研究》, 西南大學碩士學
位論文, 2019, 21쪽;梁大偉 · 李祺,〈新時代文化虛無主義的中國樣态, 理論批判及治理
對策〉,《思想教育研究》2021年 第1期, 77쪽;夏偉東,〈論道德文化的承接〉,《中國人
民大學學報》, 1989年 第6期;高長武,〈科學對待中國傳統文化, 需要反對四種錯誤傾
向〉,《紅旗文稿》2016年 第14期

119 王炳權,〈警惕文化虛無主義的内在破壞力〉,《世界社會主義研究》2020年 第9期

120 習近平,〈在中共中央政治局第十八次集體學習時强調牢記歷史經驗歷史教訓歷史警示
爲國家治理能力
現代化提供有益借鉴〉,《人民日報》, 2014年 1月 14日

121 吳海燕,〈新時代文化虛無主義的三重理論批判〉,《思想教育研究》2020年 第11期, 79쪽

122 于化民,〈在文化自信中激发革命文化的活力〉,《中國社會科學網》, 2020年 11月 9日.
https://baijiahao.baidu.com/s?id=1682851925048609174&wfr=spider&for=pc

123 宋乃慶 · 賈瑜 · 廖曉衡,〈中華優秀傳統文化與社會主義核心價值觀的培育和踐行〉,
《思想理論教育導刊》2015年 第4期, 64~67쪽

124 http://www.cssn.cn/zm/202103/t20210324_5321212.shtml

125 《孟子集注》"國以民爲本, 社稷亦爲民而立."

126 《孟子·滕文公上》"出入相友, 守望相助."

127 《論語·爲政》"人而無信, 不知其可也. 大車無輗, 小車無軏, 其何以行之哉？"

128 盧紅·李晨程·童鈺鈺,〈新時代中小學傳統文化教育探析〉,《教育理論與實踐》第40卷
2020年 第14期, 14

129 習近平,《談治國理政》第3卷, 外文出版社, 2020, 32쪽

130 習近平,〈以時代精神激活優秀傳統文化生命力-八論學習貫徹習近平總書記來閩考察
重要講話精神〉,《央視網》, 2021年 4月 4日

131 曾曉慧 · 張玉川 · 王丹,〈對韓民族主義事件中的文化誤讀現象思考—基于韓國端午申
遺和韓國暖炕申遺事件的个案分析〉,《當代韓國》2015年 第1期, 88쪽

132 http://news.sohu.com/20080731/n258489279.shtml

133 〈告訴你一个小秘密, 菲爾普斯其實有韓國血統〉,《東北網》
http://sports.northeast.cn/system/2008/08/17/051446543.shtml

134 趙亮,〈被韓國还是被誤讀?〉,《神州》, 2010年 8期

135 許娜,《中國網民涉韓話語研究》, 上海外國語大學 碩士學位論文, 2012년

136 施爱東,〈從保衛端午到保衛春节 : 追踪與戲說〉,《民族藝術》2006年 2期, 12쪽

137 許娜, 위의 책, 45쪽

138 呂婉琴,〈粉絲民族主義與中韓關系的嬗變-以中國K-pop粉絲群體的身份演變爲主線〉,
《外交評論》2021年 第1期, 96쪽

139 〈防彈少年團獲獎言論惹怒中國粉絲〉,《環球時報》, 2020年 10月 12日

140 〈中國主導制定泡菜業國際標準, 韓媒炸了 : 泡菜宗主國的恥辱〉,《環球時報》2020年
11月 28日

141 林卿 등,〈韓國演藝圈, 爲什麽老和中國過不去?〉,《環球時報》, 2020年 12月 16日

142 王士成,《新聞誤讀現像研究》, 山東大學学術碩士論文, 2013, 15쪽

143 逯杏花,〈明朝對李氏朝鮮的冠服給賜〉,《遼東學院學報社會科學版》第12卷 第5期
2010年 10月

144 손륭기, 박병석 옮김,《중국문화의 심층구조》, 교문사, 1999, 439쪽

145 習近平,〈在慶祝中國共産黨成立95周年大會上的講話〉, 2016年 7月 1日

146 吳敏燕,〈習近平關于文化建設重要論述的邏輯理路〉,《中共中央黨校國家行政學院學
報》第23卷 第2 期 2019年 4月

147 習近平,〈在中國共産黨第十九次全國代表大會上的報告〉, 2017年 10月 18日

148 〈中共中央關于制定國民經濟和社會發展第十四個五年規劃和二○三五年遠景目標的
建議〉, 2020年 10月 29日 中國共産黨第十九屆中央委員會第五次全體會議通過

149 呂婉琴,〈粉絲民族主義與中漢關系的嬗變-以中國K-pop粉絲群體的身份演變爲主線〉,
《外交評論》2021年 第1期, 85쪽

150 王琳,〈小粉紅網絡政治參與的集群式傳播〉,《山東青年政治學院學報》2017年 第5期,
39쪽

151 趙健,〈大學生網絡文明志愿者隊伍工作狀態分析及建設對策研究〉,《無錫職業技術學
院學報》2016年 第15卷 第3 期, 91~93쪽

152 楊正德,〈高校青年網絡文明志愿者隊建設研究〉,《人才資源開發》2015年 第9期, 139쪽

153 桂晶晶,〈新媒體環境下高校大學生網絡文明志愿者服務體系建設對策研究〉,《瀋陽工
程學院學報社會科學版》, 2019年 第1期, 52쪽

154 占時杰,〈網絡時代高職學生主旋律敎育陣地建設的思考〉,《黃岡職業技術學院學報》 2021年 第23卷 第1期, 58쪽

155 中國靑年志愿者網 : http://www.zgzyz.org.cn/ 日期 : 2015-06-03 来源 : 中國靑年 志愿者微信

156 陳燕,《互動儀式鏈視角下的網絡集體行动探究》, 南京師範大學 碩士學位論文, 2019, 23~25쪽

157 嚴文明,〈中國史前文化的統一性與多樣性〉,《文物》1987年 3期

158 김인희,《소호씨 이야기》, 물레, 2009, 70쪽

159 리처드 러글리, 윤서영 옮김,《잃어버린 문명》, 마루, 2000, 322~323쪽

160 皮道堅,《楚藝術史》, 湖北敎育出版社, 1996, 104쪽

161 湖北省博物館 편,《圖說楚文化》, 湖北美術出版社, 2006, 264쪽

162 湖北省博物館 편, 위의 책, 904쪽

163 芮傳明·余太山,《中西紋飾比較》, 上海古籍出版社, 1995, 352쪽

164 芮傳明·余太山, 위의 책, 352쪽

165 芮傳明·余太山, 위의 책, 352쪽

166 沈括《夢溪筆談》卷三〈辨證〉一 "楚辭招魂句尾皆曰'些', 今湖南湘南北江獠人, 凡禁哭 句尾皆稱'些'. 此楚人舊俗, 卽梵語'薩嚩訶'也. 三字合言之, 卽'些'字."

167 金克木,〈梨俱吠陀的招魂詩及有關問題〉,《比較文化論集》, 三聯書店, 1984

168 屈原,《楚辭》"厥利惟何, 而顧菟在復?"

169 季羨林,《比較文學與民間文學》, 北京大學出版社, 1997, 102쪽

170 《初學記》卷一引《淮南子》"羿請不死之藥于西王母, 羿妻姮娥竊之奔月, 托身于月, 是 爲蟾蜍, 而爲月精."

171 李露露,《中國民間傳統節日》, 江西美術出版社, 1997, 150쪽

172 徐光冀 주편,《中國出土壁畫全集》5, 科學出版社, 2012, 17쪽

173 徐光冀 주편, 위의 책, 46쪽

174 張暮輝,〈從申遺看韓國文化的國際化〉,《中國報道》2014年 2期

175 테리 이글턴, 이강선 옮김,《문화란 무엇인가》, 문예출판사, 2021, 77쪽

176 《梁書》〈百濟〉"中大通六年, 大同七年 累遣使獻方物 并請涅盤等經義, 毛詩博士, 并 工匠, 畵師等 給之."

177 이동연, 《아시아 문화연구를 상상하기》, 그린비, 2006, 157쪽

178 李梅花, 〈宋, 麗文化交流特点初探〉, 《延邊大學學報社會科學版》 2002年 第3期, 59쪽

179 馬爭鳴, 〈杭州出土的高麗靑瓷〉, 《東方博物》第二十九輯, 115쪽

180 權衡撰, 任崇岳 箋證, 《庚申外史箋證》, 中華書局, 1991, 96쪽, "高麗女婉媚善事人, 至則奪寵, 自至正以來, 宮中給事使令, 大半爲高麗女, 故四方衣冠靴帽, 大抵皆依高麗矣."

181 劉基, 《誠意伯文集》卷十 四部叢刊景明本. "女兒未始會穿針, 將去高麗學語音."

182 陸容, 佚之点校, 《菽園雜記》卷十, 中華書局, 1985, 123쪽. "馬尾裙始于朝鮮國. 流入京師人買服之, 未有能織者. 初服者, 惟富商貴公子歌妓而已. 以後武臣多服之, 京師始有織賣者. 于是無貴無賤, 服者日盛, 至成化末年, 朝官多服之者矣. 大抵服者下體虛奓, 取美觀耳. 閣老萬公安, 冬夏不脫, 宗伯周公洪謨, 重服二腰. 年幼侯伯駙馬, 至有以弓弦貫其齊者. 大臣不服者, 惟黎吏侍淳一人而已. 此服妖也. 弘治初, 始有禁例."

183 唐丑末, 《明代女性服飾的美學研究》, 黑龍江大學碩士學位論论, 2019, 41쪽

184 陳寶成 · 蘇婧, 〈韓國端午祭成功申遺的文化傳承之思〉, 《新京報》, 2005年 12月 4日

185 Williams, Raymond, 《1976, Keywords》, New York; Oxford University Press : 80

186 韓愈, 《韓愈·韓昌黎全集》卷十一 〈原道〉 "諸侯用夷禮則夷之, 進于中國則中國之."

187 陳連山, 〈從端午節爭端看中韓兩國的文化衝突〉, 《民間文化論壇》, 2011年 第3期, 17쪽

188 손룽기, 박병석 옮김, 《중국문화의 심층구조》, 교문사, 1999, 388쪽

189 손룽기, 위의 책, 393쪽

190 吳柞来, 〈中韓文化之爭 : 一邊是火焰, 一邊是海水〉, 《神州》 2010年 第8期, 226쪽

또 하나의 전쟁, 문화 전쟁

초 판 1쇄 인쇄·2021. 8. 1.
초 판 1쇄 발행·2021. 8. 10.

지은이   김인희
발행인   이상용
발행처   청아출판사
출판등록   1979. 11. 13. 제9-84호
주소   경기도 파주시 회동길 363-15
대표전화   031-955-6031   팩스 031-955-6036
전자우편   chungabook@naver.com